Yes★喉神サマ?!

「こんな私、もういやだ」にサヨナラ。
感じて選ぶ「じぶん受け入れ」メソッド

【喉神暮らしの案内人】
土出麻美
Mami Tsuchide

Clover
クローバー出版

まえがき

～喉の奥に神様がいる!?

「喉に神様がいるんじゃない？」

私がそう考えるようになったきっかけは、チャネリングやエネルギーワークなどをする時に使う脳幹が喉の奥に近いこと、そして、喉に意識を向けると自分の感情に合わせて喉のあたりの感覚が変わってくることに気がついたからです。

私がうれしい時、楽しい時は、喉のあたりがとても満たされたような感覚がしていて、悲しい時は苦しくなったりしているんです。ほら、すごく悲しい時とかに「食事が喉を通らない」と聞いたことがあるでしょ？　実際に経験したことがある人もいるのではないかな？　そういうところから、「もしかして、**喉に神様がいるんじゃない？**」、そう考えるようになったのです。

そう!!

喉仏って仏様のかたちをしているっていうけれど、**喉に神様がいるから、仏様のかたちをしてるんじゃない？**

そう思った私は、ふと、疑問が浮かびました。

そういえば、喉仏って、実際、どんなかたちをしているんだろう？

気になったらすぐに調べたくなるタイプの私。早速検索してみることにしました。

喉仏……。

ここで、それまで知らなかった、喉仏についての新しい知識を得ることになりました。

私たちが日ごろ「喉仏」と呼んでいる、喉にある部分、男性だとぴょっこり飛び出している「喉仏」、英語で言えば〝Adam's apple〟って、実は仏様のかたちをしている骨とは別なんですね。

私たちが通常、「喉仏」と呼んでいる部分は、軟骨だから火葬した時にはなくなって

まえがき

しまうそうです。そして、「喉仏」だと思われていた、仏様のかたちをした骨の正体は、第二頸椎なんだそう。

すぐ近くだから、勘違いされたんですね。

と、いうわけで、第二頸椎の画像を検索してみました（イラスト参照）。

第二頸椎の画像は……

………んなっ!?

画像を見た私は、驚きのあまり、一瞬言葉を失いました。その姿はまるで……。いや、「姿」じゃなくてかたちなんですけどね、も

仏様に似ている第二頸椎

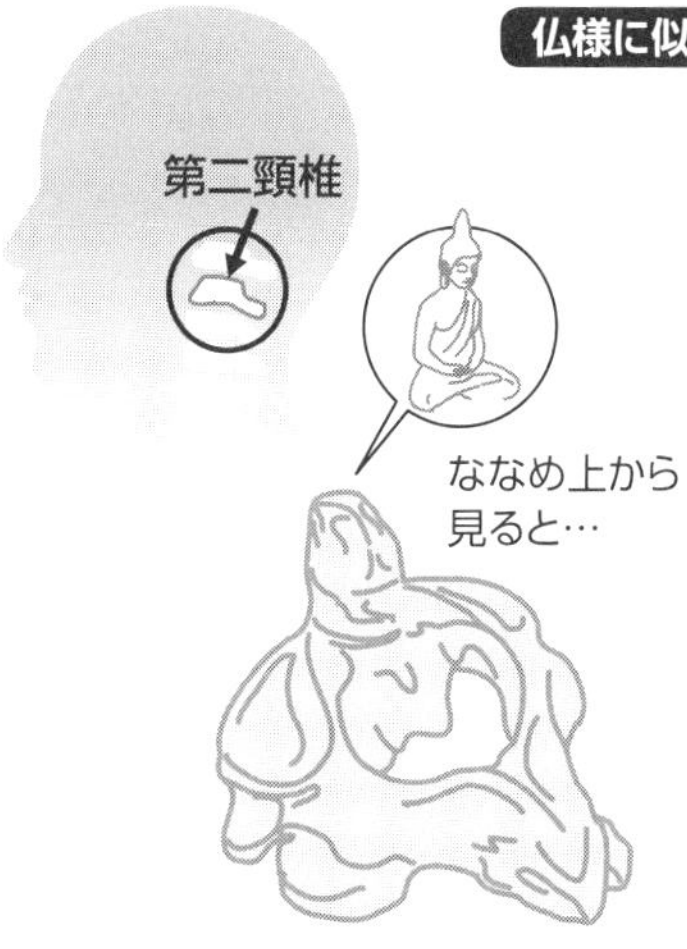

う、「姿」って言葉がぴったりなほどに、本当に**人が座禅を組んでいるかたち**でした。

あぐらを組んで瞑想をしている人を思い浮かべてみてください。まさに、それ。白い、人のかたちをしたその骨は、そりゃあ見た人が「仏様だ!!」と思ってしまったことも納得できるわ!!　という印象でした。鳥肌が立つかと思いましたよ。本当に。

座禅を組んだ仏様のかたちをしたその骨を確認することで、私の中では「**やっぱり人の喉には神様がいるに違いない!!**」という思いに変わっていきました。

すべての人間一人ひとりの喉にいる神様と、私たちの関係をもっとつなぎ合わせることで、私たちはより豊かな気分で満たされて暮らしていけるんじゃないか……そう考えて、さらに詳しく考察を進めていくことにしたのです。

「喉にいる神様」は「**喉神（のどがみ）**」と呼ぶことにしました。

喉神について知ろうとする中で、私は人が「本当はこうしたいのにできない！」とか、

まえがき

「なんで思い通りにいかないんだろう」という、日ごろ感じてしまいがちな葛藤や悩みを解決するヒントが喉神に隠れているということに気がついていきました。

実は、普段感じてしまいがちな葛藤や悩みの多くの原因が、喉神に隠されていることがわかったからです。

喉神に隠された秘密を知り、新たな視点でこれからの生き方をとらえていくことで、あなたはこれから**「なんで本当に望んでいることと違うことをしてしまうんだろう!!」という悩みや葛藤から解放されて、本当に楽しめる生き方を見つけていく**ことができるようになるでしょう。

二〇二〇年八月吉日

土出　麻美

もくじ

もくじ

第3部 喉神とうまくいくための受け入れメソッド

もくじ

第1部

自分を動かす存在？
喉・・・・・神って何？

「潜在意識」と「顕在意識」を改めて深く考えてみる

小さい子どもは、外出先でもめちゃくちゃ走り回ったりすることがよくありますよね。走ったら危ないところでも走っちゃって、親が「走るな～!!」と注意しても、止まらない。走り続けるんですよねえ。あれってどうにかならないのかって思います。

さて、「潜在意識」と「顕在意識」という言葉を聞いたことがあるでしょうか？　昔と比べると心理学についてずいぶん広く知られるようになり、スピリチュアルブームもあったので、知らない人のほうが少ないかもしれませんね。

「顕在意識」とは簡単に言うと、あなたが今、コントロールできる意識です。例えば今、あなたはこの本を読んでくれているわけですが、「この本を右手で持ってください」と言えば、あなたは右手で本を持つことができるでしょう？　あなたがもしも、身体が不自由な状態で、右手を使うことができないのなら無理かもしれないですが。物理的に不可能なことでなければ、あなたはあなたが思った通りに動くことができるはずです。

そのように**コントロールできる意識を「顕在意識」**と呼びます。

「潜在意識」とはコントロールできない意識です。例えば、梅干を想像したら勝手に口の中に唾液がたまってくるというようなことが一つの例として有名です。「カレーライスを想像しないでください」そう言われたら、逆に多くの人が頭の中にカレーライスを思い浮かべてしまいます。これも、潜在意識の仕業です。

潜在意識って、コントロールできないし、否定語が理解できないんです。なので、「カレーライスを想像しないでください」と言われてもカレーライスを想像してしまいます。「それって先にカレーライスと言うからじゃない？」と思われる方もいるかもしれません。ですが、先に否定していても同じで、「今から言う物を想像しないでください」って先に伝えていたとしても、「では、言いますね。赤鉛筆」、そう言われると、絶対に赤鉛筆が頭に浮かんできてしまいます。

小さな子どもに「走ったらダメ〜‼」と言っても走ることをやめないのは、こういった**潜在意識の仕組みが原因**なんです。「走るな‼」って言われても、頭には「走る」が思い浮かぶ。だから、「走るな!」って親が叫んだところで止まらないんですよねえ。「止まらない」というよりも、「止まれない」と表現したほうが正しいかもしれません。これが起こっているのは、潜在意識の仕組みが原因です。「走ったらダメ‼」と言われることは、頭の中で「走れ!」って指令が出ているのと同じ状態になっているんです。ちょっと迷惑な仕組みですよね(笑)。

実はこういった潜在意識の仕組みは、小さな子どもだけに働いているのではありません。親のほうにもしっかり働いています。走っている子どもを止めたいのに、出てくる言葉は、多くの場合「走るな!」ですよね。「止まって」ってすぐに出てくる人のほうがおそらく少ないかと思います。だって、走る姿を見て頭の中で浮かぶ言葉は「走る」だからです。だけど、走ってほしくないから、「走るな!」って否定する言葉にしているだけなんですよね。これが**潜在意識の仕組み**です。

本当に走る子どもを止めたければ、「走る」という言葉を使わずに「ストップ」や「止まって」とかのほうがいい。でも、意識していないとその言葉は出てこないんですよね。親子で潜在意識の仕組みに翻弄《ほんろう》されちゃっているんです。困っちゃいますよね。こういったケースは意識することで出てくる言葉を変えていくことができます。見たままを言葉にするのではなく、本当に伝えたい言葉を使うことを意識して繰り返すことで自然と言えるように変えていくこともできるので、ぜひ、チャレンジしてみてください。

人の意識は大部分が潜在意識でできています。その比率は諸説ありますが、顕在意識が1割、残りの9割が潜在意識といわれることが多いです。でも、実はその比率以上に潜在意識のほうが大きいともいわれています。なので、意識というものはそのほとんどが潜在意識だと思っていていいと思います。

意識の中でコントロールできるのが顕在意識です。ですが、**喉神のことを知ると、コントロールできているはずだった顕在意識の存在が、本当にコントロールすることができているのか、あやしく思えてくるのです。**

私たちがコントロールできていると思っている顕在意識って、本当に全部自分でコントロールできているのでしょうか？

誰もが、自分で考えて行動していると迷うことなく信じている「行動」。そして、頭の中でいろいろ考えている「思考」。これらは、本当にコントロールできていると言い切れると思いますか？

本当にちゃんとコントロールできているのだとしたら、なぜ、「こんなことするつもりじゃなかったのに～!!」と思うことや、「本当にしたいことと違うことをしてしまう……」といった悩みが生じるのでしょう？　そう疑問に思いませんか？

あなたが「自分で考えて動いている」と思っている行動が、実はあなたがコントロールしているわけではなく、「自分で考えてやった」と思わされているのだとしたら？

自分の顕在意識で考えてやっていると思い込んでいることが、実は、顕在意識で考えているのではないとしたら？

そういう見方をしてみると、**誰が、なんの目的で考えさせ、行動させているのだろう？**
そう不思議に思えてくるのではないですか？

「自分でコントロール」はほとんど幻？

自分でコントロールできているはずの顕在意識。これが実は、自分でコントロールしているわけではなさそうなんです。いえ、正しくは自分でコントロールしています。だけど、**コントロールできている部分がほんのわずかしかなく、コントロールできていると思っている部分のほとんどが、実はコントロールできていないようなのです。**

私たちは多くを勘違いして生きているかもしれないのです。

例えば、私が「今からあなたの好きなタイミングで何か物を握ってください。なんでも構いません。好きな物を好きなタイミングで握ってください」と、あなたに伝えたとします。そうしたら、あなたは何か握る物を決めて「握ろう」と思ってその物を握りますよね？　自分で考えて物を握っている……はずです。「勝手に手が動いて握ったんだ!!」という人はおそらくいないでしょう。自分で考えて、決めてから動いている。そんなの常識です。

……と思ったら、**実はその常識、真実ではなかったのです!!**

実は人が物をつかむなどの行動を起こす時、「動かそう」と頭で考える前に、身体の動かす部分（さっきの例で言えば手）に身体を動かすための準備信号が先に送られている、ということがわかっているのです。**頭で動かそうと考える前に、手が動く準備をしているということです!!**

準備信号が送られたあとに、頭の中で「動かそう」と考えて、それから身体を動かしている。そんなことが脳科学の実験で証明されているんですね。

つまり、今までの認識では「考える」→「動かす」という単純なものだったのが、実は、**「身体が準備する」→「考える」→「動かす」**という順番で行動が起こっている、ということです。

考える前に身体を動かす準備がされているって、ちょっとおかしいと思いませんか？**行動が決まってから考えている**っていうことになるんですよ。

「それって、自分でコントロールできていると言えるの？」って思えてきませんか？

0.5秒遅れの現実——ベンジャミン・リベットの実験

子どもを連れてスーパーに買い物に行くと、子どもたちが必ず寄りたがるのが、ゲームコーナーです。

我が家がよく行くスーパーのゲームコーナーには、比較的外側（通路側）に「太鼓の達人」というゲーム機が設置されています。リズムに合わせて太鼓をたたくゲームです。通りがかりに見かけるのですが、たまに、何やらすごいテクニックでゲームをしている人がいるんです。ゲーム機に設置されているバチ（太鼓をたたく棒）を使わずに、持参したマイバチ（?）のような物ですごくテンポの速い曲を圧倒的なテクニックでたたいています。そういう人、見たことありませんか？　あれは、本当にすごいですよね。

さて、人の脳って物事を認識するのにどのくらい時間がかかるか知っていますか？

人の脳が物事を認識するのに必要な時間について研究した、アメリカの脳科学者がいます。その脳科学者の名前はベンジャミン・リベットさん。この方、皮膚に感じる感覚を、脳が認識するまでにどのくらい時間がかかるのかについて、検証された方です。実際に脳に刺激を与えるなどの実験を重ねて、脳が感覚を認識するために必要な時間をデータにして出されたのです。「実際に脳に刺激を与える」って、頭を開いて脳自体に直接電極を貼って実験したってことですよ。この実験によって、脳のどの部分が身体のどこの感覚とつながっているかということも明確にわかっています。

それでね、実は……。

人の脳っていうのは、ある程度以上の強さで、なおかつ0・5秒以上継続した刺激でないと認知できないことがわかっています。つまり、それ以下だと気がつかない。0・5秒経ったあとに、刺激に気がつくのです。人の脳の認識、つまり私たちが起こった出来事を頭で理解するのって、実際にそれが起こった時より0・5秒遅れてからということになるんです。

起きた出来事を0・5秒遅れて理解するってちょっと違和感ありませんか？　実際にあったことを0・5秒後にわかっていたんじゃ、不都合なことが多すぎる。そんなんじゃ、普通の会話だって、時間がかかりまくって仕方ない。話を聞いてから0・5秒後に話を理解して話し出すということになるんですもの。スムーズに会話ができないですよね。日常の会話の中で、少し返事が遅れることがないわけじゃないけれど、実際には0・5秒以内に言われたことを理解し返事を返しているし、行動していることのほうが多いはずです。リベットの本にも書かれているのですが、車を運転していて、目の前に子どもが飛び出してきた時に、通常0・2秒ほどでブレーキを踏むことができるのだそう。つまり、0・5秒かからないで行動していますよね……。

本当に、脳は起きた出来事を認識するのにそんなに時間がかかるの？　って思えてきますよね。でも、脳……というか私たちが頭で認識するためには、やっぱりそれだけ時間がかかるようです。だから、脳で認識する前に行動を引き起こしているものがあります。それは、潜在意識。**人は、潜在意識で組み立てた通りに話をしたり行動を起こしたりしていて、それをあとから脳で認識しているんです。**

野球やテニスなどのスポーツ選手がすごいスピードのボールに反応しているのも、潜在意識で動いているからです。だから、ものすごいスピードのボールを打つことができます。

そうです。先ほど述べた、「太鼓の達人」をすごく速いリズム感でたたいている人も、潜在意識で情報を得て、リズムに合わせて太鼓をたたいているっていうことです。一つひとつの音符を脳で認識しようとしていたらとてもできないことを、潜在意識で素早く察知してリズムに合わせて太鼓をたたいているというわけです。なんか、人間のなせる業《わざ》じゃないみたいだなって思っていたんですよね～。なんだかすごく、腑に落ちたというか、納得。

「太鼓の達人」について納得すると同時に、脳の仕組みについて違和感も残ります。自分が行動した0・5秒後に理解しているって、どういうことだろう？　え？　今、自分で考えて動いているけど？　これって、0・5秒前に起こっていたことってこと？　自分で考えて動いているのに？　そんな風に、謎は深まるばかり。

こんな、違和感たっぷりの脳と潜在意識の仕組みについて、もう少し詳しく見ていきましょう。

考える前に行動が決まっている⁉

先ほど紹介した、**「身体が準備する」→「考える」→「動かす」**というベンジャミン・リベットの研究発表は、脳科学の世界に大きな影響を与えます。それもそのはず、誰もが自分で考えて行動を起こしていると思っているのに、本当は考える前に行動が決まっているなんて信じられないですよね。

なので、この研究が発表されたあと、脳科学の世界ではしばらく無視されていたそうです。到底受け入れられなかったのでしょうね。そののち、この研究発表は論争を巻き起こし、そのあと認められる……という流れになったのだそう。リベットさんも最初から、考える前に身体が準備をしているなんていうことを調べようと思って研究を開始したわけではなかったのです。もともとリベットさんが研究したかったのは、「脳が認識する（気がつく）のはいつか」ということでした。それを調べるために実験が開始されたんです。結果的に、その実験の中で、人が行動を起こす際の**「行動を起こそう」と考**

える前に、動かす部位に行動を起こす準備信号が送られていることがわかったのです。

衝撃的な事実ですよね。

しかも、一番驚きなのは、**脳が認識するのは実際には遅れているのにもかかわらず、認識される時には「遅れずに認識した」と変換されて認識されるということ**。考える前に行動を起こす準備信号が送られていたにもかかわらず、「自分で考えて行動した」と脳では認識されます。人は、自分が遅れて認識したことも、自分で考える前に行動が決まっていたことも、どちらにも気づくことなくすべて自分で考えて行動したと思って毎日を送っているんです。

そんなこと、信じられますか？

自分で考えているつもりで、ほとんどが自分で考えていないだなんて。

人が行動を起こす時、「〇〇しよう」と考えることも、実際に行動を起こすことも、潜在意識が引き起こしているのです。それをあとから顕在意識が認識している……。それが潜在意識と顕在意識の真の関係だったということ。**私たちが、今起きていると思っている現実は、ほんの少し先に起こっていたことだという、信じられないようなことが現実**なんです。

「それじゃ顕在意識ってなんのためにあるの？」そう思えてきませんか？　すべてが無意識に動いてしまっていて、自分の好きに選ぶことってできないのでしょうか？

この疑問について知るために、もう少し詳しく見ていきたいと思います。

「一瞬だけ」コントロールできる大切な意識

私たちが生きている毎日って、何もかもが先に決められていて、準備されて実行されたことを、あとから認識しているだけなのでしょうか？

例えば、朝、目を覚ました時、すぐに起きずに二度寝して遅刻してしまった……という失敗があったとします（きっと、あなたも一回くらいは二度寝しちゃったことありますよね？）。この二度寝で遅刻したという失敗は、もともと決められていたのでしょうか？　二度寝しちゃった自分のせいじゃなくて？　二度寝してしまった理由は、自分がきちんとできなかったからではなく、もう一度寝ることが決められていてそうすることしかできなかったということなのでしょうか……？　もしも、そうであるのならば、起きることができなかったのは誰のせいなんでしょう。潜在意識？　潜在意識のせいで失敗し、それに気がついた時は、すでに過ぎてしまっていたということになるのでしょうか？

私たちは自分で人生を選ぶことはできないのでしょうか？

自分で選ぶことができないのなら、それじゃあ、なんで生きているんでしょう？　私たち。

続けて調べていくと、その答えが見つかってきます。

この、「自分で選ぶことはできないのか？」という疑問についての答えは、**「自分で選ぶことができる」**です。

人の脳が認識できるのは0・5秒遅れているということだったのですが、実はこれ、短縮することができるのです。人はそのことに意識を向けている時、早く認識できることがわかっているのです。つまり、意図的に意識を向けておくことで、今起こっている出来事を早く認識することができます。

なんとなく過ごしていると0・5秒遅れて認識してしまうけれど、**意識を向けていると早く認識できるということです**。

それと、**「身体が準備する」**→**「考える」**→**「動かす」**のプロセスの中で、身体が準備して考えたあと、実際に行動を起こす前にその行動を制御できることもわかっています。つまり、準備されている行動はやめることができるということ。身体に準備信号が送られて、頭で考えます。頭で考えてから実際に行動を起こすまでの時間は約0・2秒。この約0・2秒は、めちゃくちゃ短いように思えるけれど、行動を制御するのに十分な時間なのだそうです。

つまり、この0・2秒という一瞬の間、人は自分をコントロールできるのです。行動をやめるのか、起こすのか。自分の顕在意識で決定して、今の自分の行動に影響を与えることができるのは、ほんの一瞬なんだということですね。

ということは、先に話していた「二度寝の失敗」の場合で言うと、目を覚まして0・2秒で「起きる！」と決めて起きていたら二度寝していなかったということです。「起きることができないで寝てしまう」という準備がされていたかもしれないけれど、それが**絶対的に決まっていたわけではなかった**んですね！　自分で起きることもできたということ。

私たちが通常、自分で考えて行動している（自分でコントロールしている）と思っている意識のほとんどが、実は潜在意識で動いているもので、本当の意味で自分の意思によってコントロールができている意識、顕在意識はほんのわずかしかないということです。

一般的に「意識のうちの1割が顕在意識」といわれていますが、このとらえ方は、顕在意識を「気がつくこと（認識すること）ができている意識」という意味合いにとらえた場合に限定されるということができますよね。顕在意識を「自分をコントロールすることができる意識」という認識だとすると、その割合はもっとわずかなものになるはずです。1％もないと言っても過言ではないんじゃないかなって、個人的には思います。計測のしようがないものですけどね。

つまり、顕在意識とは、詳細な定義をどのようにするのかによっては、**認識できているけれど自分ではコントロールし切れていない、潜在意識に近い側面と、自分で認識してコントロールすることができる側面の二つがある**と言うことができます。ただし、「自分の意思を持ってコントロールできる」という意味でのみ「顕在意識」とするならば、ものすごくわずかな領域しかないんですね。

ほんのわずかしかないけれど、**コントロールができる大切な意識**とも言うことができますね。人は意識を向けて行動を制御しようとしていない時、先に準備されている行動をそのまま実行して、それを「自分で考えて行動した」と思いながら少し遅れて認識しているということですよ。

自分を動かしている正体とは？

人は、**「自分の意識で考えて行動している」と頭では認識しながら、実は「自分で考えることなくすでに準備されている行動をしている」**という驚きの事実がわかりました。私たちが日々起こしている行動とは、個人個人の意識がその時に考えて決めているのではなく、無意識で行動が決められていて、その決められた行動を基準に動いているのです。

自分でコントロールできるのは、「行動をしよう」という思いつきが自分の中にあることに気がついてから、実際に動くまでの約0・2秒の間ということになります。しかも自分の意識について意図的に意識を向けている状態でないとそれは難しい。つまり、これは言い換えると、「自分の今の状態に気がついてないとコントロールできない」ということになってしまいます。

自分でコントロールできていることは一日の中でもごくわずかな時間で、それ以外の多くの時間は**「自分の意思とは別のものに自分が動かされている」**というような見方をすることもできる、とは感じませんか？

気をつけて意識していないと、私たちは自分の意思で行動をコントロールできない。自分が今、何をして何を考えているのかということにずっと気をつけて意識しておくことなんて至難の業です。絶対に、ちょっとぼーっとしちゃったり、何か別のことを考えてしまったりしますもんね。私たちは普通に生活している時、自分の思うように自分の行動をコントロールして生きていくことはほとんどできないのではないか？　という疑問が出てくるんですよね。

ちなみに、この疑問について、脳科学者の見解の中には「人は意識を自分でコントロールすることはできない」としている人もいます。人の意識とは起こった出来事を確認するだけのものであるという見解です。こういった考え方もあるけれど、リベットの考えは、**「人の意識はコントロールすることが可能だ」**というものです。私も、「コントロール可能だ」というリベットの意見のほうが正しいと思います。

リベットの実験によって、人の意識は0・2秒で判断すればコントロールできるということがわかりました。だけど、ずっと意識していないと自分のコントロール外の何か（潜在意識？）によって決められたことの通りに動いているのです。人は、自分が決めたことではなく、自然の摂理の中で、潜在意識の命令に従い、宇宙か何か、大いなるものによって決められた通りに行動を起こしているのでしょうか？

それをあとから脳で認識して、起きたことを確認している……。基本的には、自分の意識で行動をコントロールできず、あとから確認するだけなのであれば、「人の行動や思想は何が決めているのか？」という疑問が出てくると思いませんか？　潜在意識はどのような方法で行動を決めて、それを準備しているのでしょう？　まさか、本当に宇宙や自然の摂理の通りに動いているだけなのでしょうか？　自然の中に吹く風が、意識を持たないで吹いているのと同じように、私たち人間も自分の意識を持っているようで、ほとんどがそれと関係なく生きているということもありえるのでしょうか？

人の行動や思想の生まれ方についての疑問。その答えについて、私は、**喉神の存在が人の行動を制御することに深く関係していると考えています**。

まえがきで述べたように、喉神とは、喉のところにいる神様です。喉仏のところに仏様が座禅を組んだかたちの骨があります。第二頸椎です。この骨はなぜ、仏様が座禅を組んでいるかたちをしているのでしょう？　私は、この仏様のかたちをした第二頸椎の存在が、喉神がここにいることの証《あかし》であると考えています。「人の身体の中に、座禅を組んでいる仏様がいる」。この骨の存在を初めて知った人はとても驚いたことでしょう。だって、本当に座禅を組んでいるかたちしているんですもの。

私の仮説では、**喉神は人の喉にいて人の行動を制御したり、守ったりしているのです**。すべての人、一人ひとりにいる神様で、その人をつかさどっているのです。この仮説は、私がベンジャミン・リベットの実験についての本を読み進めることで、私の中でもっと腑に落ちて、真実味のあるものへと変化していくことになりました。

私の中の喉神についての仮説を、より深いものにさせてくれたのは、リベットの考察です。どんな考察かというと、**人には意識を統一して制御している場所がどこかに存在しているのではないか**というものです。

脳は、右脳と左脳に分かれていますよね。人の脳は左右で二つ対になるようになっています。この二つの脳は神経でつながっています。両方の脳で認識したものが脳内で再統合されて一つのものとして認識しているのです。リベットは、この右脳と左脳、二つを分離させたら、それぞれの脳で認識されたものは一つに統合されないはずだと考えたのですね。

例えば、目の前にある一つのコップを見て、「一つのコップだ」と認識できるのは、右目と左目で見たコップが脳内で一つに統合されるから。右脳と左脳を分けてしまったら、右目と左目で見たコップは、それぞれ一つのコップとして認識されるから、「二つのコップと認識される」と考えたわけです。

そこで実験が行われます。外科手術でなされる脳の病巣部分を除去する方法で、脳を分離させるということをしたのです。要は、脳の悪い部分を取る手術で、右脳と左脳のつながっている部分が取られて、二つの脳を離してしまうという実験です。

この実験で、別々に分けられた二つの脳は**それぞれ別々に物事を認識しているにもかかわらず、人はそれを一つに認識することができた**のです。

さらに、脳が二つに分かれることで、一人の人間の中に二つの分かれた人格が発生するのではないかとも考えられていたのですが、脳が二つに分かれたにもかかわらず、二つの人格として分かれることはなく、一人の人格として認識することができていたのです。

脳が二つに分かれてしまっても、人の意識（や人格）が二つには分かれなかったことから、リベットは、物事を認識している意識は大脳ではなく、意識を統一して認識する場所がどこか別のところにあるのではないかという仮説を立てます。

この脳とは別に認識している場所があるという考え方は、私の喉神の考え方と非常に似た部分があります。どういったところが似ているかというと、**「脳という身体の一部とは別に意識を統一して認識している場所がある」**という「脳と意識が別」と分けた考え方そのものが似ているのです。私の考えではこの脳とは別に**統一して認識している部分が喉神**に当たる、というわけです。

喉神が統一して認識してコントロールしている、そして、顕在意識が認識することで制御できる行動がある。これらの関係で行動が決められている。もしも、この喉神によってコントロールされて起こっている現実があなたの望んだ結果ではないと感じているのならば、あなたはコントロールのもとになっている**喉神とあなた自身の意識のことを知ることで、大きく現実を変えることができるようになるかもしれません。**

喉神について知ることとは、あなたが行動を起こし、つくっていく現実を無意識レベルから望むものに変えていくことができるようになるからです。喉にいる神様、喉神とはどういうものなのか。どのようにあなたの行動を決めて現実を引き起こしているのか。喉神について、もう少し詳しくご紹介していきたいと思います。

喉神の正体

「神」という言葉を聞くとあなたは何を想像しますか？　日本古来の八百万《やおよろず》の神？　神社に祭られている神様？　それとも、キリスト教でいわれるような、宇宙や万物すべてを創造した全知全能の神でしょうか？

「神」という言葉は、人によってイメージするものが違うことでしょう。「神様」という存在は、具体的に定められたものがありません。人によってその概念が違うもので、「これが絶対に正しい」という答えもありません。でも、誰もがイメージすることの中で共通する部分とは、何か特別な、不思議な力を持った存在であるということなのではないでしょうか？

「神」とはどういうものなのでしょう？　「神」という言葉の意味を調べてみると、「人には知ることができないような自然の力」や「不思議な力」「目に見えない心の動き」という意味に加えて「魂」という意味もあります。「神」というものの定義の答えとしては「これ」というものはなくて、個人によって違うものであるということこそ、正解なのかもしれませんね。

すべての人の喉にいて、その人のことを守っている存在、喉神。**この喉神の正体は、その人の魂である**と考えています。あなたの喉にいて、あなたのことを守っている存在である喉神は、あなたの魂なのです。つまりは**喉神とはあなた自身**でもあるのですね。

喉神は、あなたのことを守り、広い意味であなたの行動を決定している存在です。**あなたのことをつかさどる神、あなたの創造主でもあります。**意図してあなたという人格の人間をつくり、あなたの一部としてあなたの中に入って、あなたの意識と一緒に一つの命としてこの世に生まれてきたのです。そして、あなたを守りながらあなたを動かしているのです。

この喉神のことを意識として考えると、顕在意識、潜在意識で分けるならば、あなたの潜在意識ということになりますね。ただ、顕在意識も潜在意識もその言葉だけでイメージできるものよりも、もっとずっと深く複雑で多くの側面を持ったものなのです。大きく言うと、意識のすべてが喉神であると言うこともできます。

先にも述べた通り、行動を決めているのはそのほとんどが潜在意識、つまり、喉神です。人は、多くのことを「今、自分で考えている」と思い込んでいるけれど、ほとんどが「今、自分で考えている」というよりもコントロール下でそう考えてしまっているのです。つまり、自分で考えていると思わされているということ。

自分で考えて決めたと思っていることの多くはすでに決まっていて、決められた通りに行動を起こしてしまったものです。何かをしたいという衝動が起こったことも、それを実行するために動くことも、やっぱり動かないことも、その一瞬一瞬に意識的に判断しなかった場合は潜在意識から発信された信号通りに動いたり考えたりしています。そして、どう動くか、どう考えているかを決めているのは実はあなたの魂である喉神です。そいえ、厳密に言うと喉神ではなく、潜在意識の仕組みなのですが、その話はこれから説明していくとしましょう。

あなたの潜在意識なのだから、あなたが考えたのと同じと言えば同じです。あなたの魂も、喉神も、潜在意識も、顕在意識も、すべてがあなたの一部だからです。「決められた通りに動いている」と言われると、自分以外の何かに決められたことに沿って動いているように感じてしまいそうですが、実はそうではありません。あくまでもあなたの一部であるということを忘れてはいけません。ただし、**あなたがコントロールできる顕在意識で判断したものではない行動が現実で引き起こされている**、ということ。

もしも、あなたが今、「思い通りにならない。苦しい」と感じているのならば、**あなたという一人の人間の持っているいくつかの意識の中で、矛盾が起きてしまっているのです**。「本当はこうしようと思っているのにできない」という場合、その理由はこの「意識の中で矛盾が起こってしまっていること」が原因なのです。

そうです。あの時、早起きしようと思っていて朝早く目が覚めたのに二度寝してしまったのは、喉神を始めとする潜在意識の矛盾によるコントロール下で起きてしまった現実だったのです。これは、考え方によっては誤ったコントロールとも言えますよね。

先ほど、いったん目を覚ました時に0・2秒で「起きる！」と決断をしてすぐに起きていたら、二度寝しないですんでいたという話をしました。しかし、**「目を覚ました瞬間にすぐ判断する」**ということは、言葉にして言うだけなら簡単ですが、実際に行動に移すとなるとそうはいきません。目を覚ました瞬間にすぐ判断することって難しいですよね。目を覚ました瞬間からしっかり意識を持って動くことができる人は少ないんじゃないでしょうか？

もちろん、それができるに越したことはありません。普段から自分が何を感じ、何を考えているかを意識して考えておいて、いつでも自分の思うように判断できるようにしておけば、朝起きてすぐに行動を起こす可能性も高いかもしれません。だけど、私だったら毎日そうすることって厳しいなって思ってしまいます。寝起きってぼんやりしているし、なかなかすぐに頭が働きません。少ししてから、「ああ、今日はこうするんだったな」と思って動き出すことがほとんどです（私の場合はそれがわかっているので、その分早めに目覚ましをかけたりするんですけどね）。

自分が普段どんなことを考えて、どんなことを感じているのかを意識的に知るようにしておくことは大切です。だから、普段から自分のしていることや自分の感情を客観視するようにしておけばいいのです。ですが、常時意識せずとも、もっと考えていることが行動に反映されてくれれば、起きた瞬間に意識をはっきりさせられなくても、もともと望んでいた行動を起こすことができ、もっとラクに物事がうまく進むんじゃないかなって、そんな風に思いませんか？

そもそも喉神は何を根拠にそういった行動を決めているのでしょう？　その決められてくる行動を、うまくあなたの思い通りにすることができればいいのに……と思いませんか？　**あなたが考える（本当に望む）現実と、あなた自身の起こす行動（準備されている行動）を一致させることができれば、今までよりももっとあなたの望む現実をどんどん引き起こせるのです。**

望んでいることと準備される行動、この二つを一致させる方法を知るためには、喉神のことを深く理解して、喉神ともっとうまく付き合っていく必要があります。「うまく付き合っていく」と表現すると、なんだかまるで自分とは別の存在みたいです。だけど、そうではありません。もともとはあなたの魂ですからね。つまり、**「うまく付き合っていく」というよりも、あなたの中のバランスを取って、より統制されたあなたになる**と表現したほうが正しいです。

「喉神のことを知ってうまく付き合っていくこと」。それは言い換えると、もっとバランスの取れた、充実したあなたらしい生活に戻していくということ。今、あなたが望む現実と、あなたの行動（準備されたままの行動）によって起こっている現実が違ってしまっている理由は、あなた自身の中の望みと行動が引き起こされるもととなる部分にズレが生じてしまっている状態だからと言うことができるのです。

「喉神のことを知ること」、そして「ズレが生じてしまった原因を知ること」、この二つを進めていくことで、あなたは、あなた自身が本来持っていたバランスを取り戻すことができ、もっと望む現実を引き起こすことができるようになるのです。

そうなると、あなたは今までよりももっと自信を持って生きていくことができるようになります。というよりも、「もっと自信を持たなければならない」や、「もっと◯◯にならなければならない」というようなことをほとんど考えることがなくなます。そのように考える必要がなくなってしまうのです。そして、基本的に穏やかで豊かな気持ちを持ちながら毎日を過ごすことができるようになるでしょう。

もちろん人間ですので、怒ったり悲しんだりすることはあります。そのような感情は、決して悪いものではありません。人として必要な感情です。だから、これらを感じることがいけないわけではないんです。**そういった、一見ネガティブと思われる感情を感じながらも、それらを悪いことだと感じることなく、より良い毎日に変えていくことができるようになるのです。**バランスが取れている状態とはそういうものなのです。

人の意識を統一して認識する魂の存在

あなたは、「魂」というものの存在があると信じていますか？　信じていている人も信じていない人も、どちらであっても何も変わることなく、みんな平等に過ぎていく毎日。**そんな毎日の中で、あなた自身が何を信じ、何を疑うのかは、あなたが自由に決められることです。**

ちなみに私は、魂の存在はあるんじゃないかなって思っています。だけど、そのことを特に重要だと特別視はしていません（笑）。喉神とか言っているのに。だって、自分の一部なんだから。例えば、ごく自然に手があることと同じように、喉に第二頸椎があるのと同じように、ごく自然にそれは存在しているんじゃないかな？　そんな風に思います（中には「手がない人もいる」と言われる方がいるかもしれないけれど、そういう意味ではなく、**今すでに持っているものはごく自然と持っている**ということを伝えたいのです）。

「人の意識を統一して認識している魂、喉神がいる」と私は考えていると紹介しましたね。私は、**脳幹や間脳のあたりが魂とつながっていて、喉の奥あたりに喉神がいる**と考えています。その存在は、喉にある骨である、仏様が座禅を組んだかたちをしている**喉仏**（第二頸椎）が物語っています。

過去に、子どもがわた菓子の割りばしを口にくわえたまま転んでしまい、割りばしが喉に突き刺さって亡くなってしまったという悲しい事故がありました。これも、やはり喉の部分に人にとって命にかかわるような重要な部分があることを表していると言える、そう考えています。

この私の喉神という考え方と、とてもよく似たことを考えていた人がいます。それは、哲学者のデカルトです。デカルトと言えば、「我思う、故に我あり」という考えを発表したことで有名ですよね。デカルトはそれだけでなく、物質には物理的にかたちのある物と、かたちのない魂のようなものの二種類があるという二元論を唱えたことでも有名な人です。

デカルトは、人の身体と魂がつながっていて、魂が脳の松果体《しょうかたい》にあると考えて松果体について詳しく研究を重ねた人でもあるのです。このことを知った時、私はびっくりしました。松果体って脳幹に当てはめられることもある場所で、まさに私が考えている場所とほぼ一致していたからです。こんなことってあるんだなと驚きました。しかも、デカルトといえば歴史的にも有名な哲学者ですよね。そんな著名人と同じことを考えるなんて……と、うれしかったです。

デカルトは、**人の身体とは別個で、永遠に続く（人の命がなくなっても続く）魂という存在があり、この二つは強く結びついている**と唱えています。この考え方は、私の考えと非常に似ています。デカルトが松果体に魂があると考えた理由は、二つ対になっている脳の中で松果体が一つしかないことに注目したからだそう。実際に、松果体は人間が生きていくうえでもとても重要な場所です。

こういった「魂がある」というような話が出てくると、よく言われがちなのが「魂の存在があると考えるなんて科学的じゃない」という意見だと思うのです。こういった「科学的であるか」「科学的ではないか」という議論はよく見かけるように思うのですが、この議論について、リベットのとある主張がとても正しいと感じたので、私はそれを採用することにしました。その主張とは、「ないと証明されていないことをないと決めつけることは科学的ではない」というものです。本当にその通りだなと思ったんですよね。「ない」と証明されていないものを一方的に「ない」と決めつけてしまうことのほうが「科学的じゃない」って、まさにその通りだとは思いませんか？

「魂の存在があると考えることが科学的ではない」と主張している人は、なぜ「魂がない」と言えるのか、という明確な理由は説明できないでしょうね。だって、「存在しない」ということが証明されていないんですもの。

「魂の存在があると考えることが科学的ではない」という言葉を正しく表現するなら、「魂という存在があるとは信じられない」なんですね。「科学的じゃないから信じられない」ではなくて、その人の信じる常識ではありえないから信じられないということなんです。

つまり、「魂の存在がある」と考えることは非科学的ではありません。**「魂の存在がある」という考え方を信じるか信じないかはそれぞれ個人の自由**なんです。なぜなら、「ある」ということも、「ない」ということも証明されていないからです。「どちらとも証明されていない」というのが科学的な答えです。

ただ一つ確実に言えることは、「魂」の存在を信じていても、信じていなくても、どちらであっても**意識が認識するのに遅れが生じることや、行動が無意識で引き起こされているという事実は変わらない**ということです。これは証明されていますからね。そういった意識や行動のことを考えた時に、やはり、「脳が認識するのとは別に認識している何かがあるのではないか」と考えることができるのです。脳とは別に物事を認識するものの存在について知っていくことは、無意識で引き起こす現実と自分の望む現実のズレをなくしていくことにつながっていくのです。

「脳で認識できない」ことを認識できる意識

あなたはよくテレビを観るタイプですか？　もしかしたら、「テレビは観ないけど動画は観る」と言う人もいるかもしれません。特に最近の若い人はテレビよりもインターネット……特にYouTubeを観る人が多いと聞きます。

我が家の子どもたちもまさにその通りで、YouTubeばかり観ています。こういった映像を観ている時に、私たちが気づくことのできない速さで一瞬だけ特定の映像が映された時、**その映像に気がつくことがなくても、情報を受け取ることができるということが知られています。サブリミナル効果です。**サブリミナル効果は視覚的・聴覚的にかかわらず人に影響を与えるといわれていて、使用されていても自覚することができないものなので、そういった表現をすることは禁止されています。聞いたことがある方もいるかもしれませんね。

確かに、認識しないうちに、何かの暗号のようにイメージが擦り込まれていたとしたら、それってなんだか怖いなって思ってしまいますよね。洗脳されてしまいそう……。

意識を統一して認識している喉神。この存在は、二つある脳が認識した内容を統合して認識することができるというだけではありません。**潜在意識は脳で認識できなかったことも認識しているのです。**先ほど紹介したサブリミナル効果もそうで、脳で認識できないはずの刺激も認識することができているのです。

実際、脳が刺激を認識する（刺激に気がつく）ためには一定の継続した刺激が必要なのですが、認識できる条件に満たない刺激を潜在意識は認識していることが確認されています。**潜在意識が認識しているということは、それを統一している喉神も認識しているということです。**

脳がその刺激に気がつくことができないはずの刺激も、潜在意識が認識していることは実験で証明されています。そして、これらの情報の刺激は、気がついた時にはまるで最初から脳で認識していたかのように変換されて認識するのです。あとから気がついたのに、「最初からそれに気がついていた」と脳が認識するような仕組みになっているのです。

脳で認識していないはずの情報も認識している事例は、先に説明した映像によるサブリミナル効果などの他にもたくさんあります。なんと、視力を失った人が、目が見えないのにもかかわらず、まるで見えるかのように場所を当てることができる、ということも実験でわかっているのです。視力を失っている人に指定した物がある方向を尋ねるような実験で、そのことを証明しています。視覚からの刺激が脳に届かないから、絶対に見えていないのでわからないはずなのに、かなりの確率で指定した物の方向が当てられるそうなんです。

人は視力を失っていても目で見る情報のようなものを認識しているというんですよ!!　**人間という存在の持っている可能性は、五感の範囲にとどまらない**んですね。本当に不思議で興味深いと思う実験結果です。

と、こんなに多くの情報を持ったうえで、あなたの行動を決めて、自然と行動や思考を起こすようにしているのが、喉神が統一しているいくつかの意識の存在なのです。

潜在意識・三つの側面

あなたの行動を決めているのは喉神だという話をしました。そして、喉神とは魂であり、その人の創造主であると紹介しましたね。

「魂は、成長するために人として生まれる」という考え方があります。あなたは聞いたことがありますか？　この考え方で有名なのは、おそらくシルバーバーチです。シルバーバーチとは、いろんな教訓を残してくれた霊といわれています。イギリスで、モーリス・バーバネルという男性が霊媒となってメッセージを伝えたといわれています。

「霊」という言葉を聞くと、人間の幽霊のような印象を受けませんか？　私はそういう印象を受けました。ほら、柳の下にいて、足がなくて、青白い顔をしている……みたいな。でも、このシルバーバーチとはそういうものではなくて、人ではない（遠い昔は人間だったこともある）意識体と考えるのが正しいのかなと感じています。デカルトの二元論で言うところの「なくなることのない魂の存在」ですね。まあ、正しく言うと怪談とかに出てくる幽霊も、デカルトが言う魂に当たるんですけどね。

このシルバーバーチが伝えたとされるメッセージの中に、**「人間とは三つの側面がある」**というものがあります。私はこの「三つの側面がある」という内容を知った時、三つの側面とは単純に、肉体・顕在意識・潜在意識の三つのことなのかな……という印象を受けたのです。けれども、いろんなことを知っていくうちに、どうやらそうではないようだということに気がついたのです。

「肉体という物理的な存在」「潜在意識というコントロールできない存在」「顕在意識というコントロールできる存在」という三つの側面でも間違いではないのだろうけれど、それよりも深く、潜在意識自体に三つの側面があるのではないかと考えたのです。潜在意識が人間の根本的な部分で、それが三つの側面に分けられるのではないか……と。

魂が身体を持って一人の人間になる時に、その根本となる部分である潜在意識が三つの側面を持つようになるのではないでしょうか？

顕在意識は現実を認識しながら物事を感じたり考えたり、行動を決定したりする意思を持つ。しかし、顕在意識が常にそれをするのは負担になるため、顕在意識の考えや潜在意識の持つ情報、それらすべてを統括した喉神が行動を決定し、実際に行動に移す前に顕在意識がそれを認識できるような仕組みになっているのではないかと考えたのです。**「自分が考えた」というかたちで顕在意識がそれを認識した時に、素早い判断で制止することができるというかたちにすることで、顕在意識に最終決定権を持たせてその人らしさをつくっていくようになっている**のではないかなあと。

そして、**三つの潜在意識と顕在意識のバランスがうまく取れていれば取れているほどに、満足を感じる生活を送ることができる**のです。

ここからは、潜在意識の三つの側面についてご紹介していきたいと思います。

側面①　本能（生まれ持ったまま）の部分の潜在意識

人の潜在意識の三つの側面のうちの一つ目は、**本能の部分の潜在意識**です。

人としての基本的な欲求を持っている自分ですが、その中でも注目してほしいのは基本的欲求を持っているだけではなく、生まれた時に持ってきている最初の生きる目的を持った自分であるということです。

よく「生まれ持った使命」とか、「なぜこの世に生まれてきたのか」というテーマで話される部分がこれに当たります。**創造主である喉神が、あなたという人間をつくった時に「こんな風に生きたい」「こんな人生を」という目的をこの意識の中に託しているのです。**

あなたが人としてこの世に誕生する前、そう、喉神はあなたの中に入る前のまだ魂の状態である時に、あなたを創造します。その時に、人としての基本的な欲求と一緒に、あなたの基本的な性格や体力的なもの、運命的なもの、すべてを準備してあなたをつくっているのです。

喉神が望んだままの性格や生きる目的を持つ一人の人間として、あなたは誕生するのです。細かなことに気がつく繊細な人は、理想のかたちとして繊細な気質を持って生まれ、小さなことは気にならないおおらかな人は、おおらかな気質を理想のかたちとして最初から持っているんですね。

ただし、人は生まれたままの状態で成長することはほぼないですよね。人は生きていく中で、さまざまな経験をして、その中でいろんなことを感じたり考えたりします。その中で新しい自分がつくられていきます。ですが、どんなに新しい考え方を持つ自分に変わっていったとしても、最初につくられていた、生まれた時のあなたはなくなるわけではないのです。

最初に生まれ持ってきた好きなことややりたいこと、どんな風に生きたいか……ということは潜在意識の持つ一つの側面として、この本能的な部分に残したまま、あなた

は成長し、あなたという一人の人になっていくのです。

生きるということは、実は、あなたという一人の人を完成させていくものなのです。生きることの目的とは、「何か大きなことを達成させる」ということこそ重要な目的だと思われがちですが、実はそうではないんですね。**偉業を達成することよりも、生まれながらに持っていた性質や気質を使ってどのように生きるかが大切なことなんです。**

あなたという人生を送ることで、あなたという人格を完成させていく、その過程こそが生きるということなんですね。その人格の一番核の部分としてつくられたものが、この本能的な側面だということです。

喉神は、人として生まれる時にどんな風に生きたいか、どんな人間であるのかということをつくり、潜在意識にこの情報を入れます。ですから最初に出来上がるこの部分は、喉神が人間としてこの世に生まれた時に経験したいと望んだものが詰まっています。喉神が最初につくるものとは、性格的な部分や体力的な部分だけではなく、目の色や髪の色、どんな声、どの程度の視力……など、姿かたちだけでなく感覚器がどのようなものであるかまで、非常に細かい部分までもが含まれます。

この本能的な側面である潜在意識には、人生の目的とか使命などといわれるようなものも入っているわけですから、大切な部分です。**「なんのために生まれたのか」や「生まれてきた使命」というようなことを知りたいと思うのであれば、その情報は潜在意識のここに入っています。**生きる目的や使命を知りたいと感じる人は、それを知ることで、使命を果たしたいと考えていることでしょう。ただし、生まれ持った目的や使命も大切なのですが、一番大切なのはあなたという一人の人が何を選んでどのような人として生きるのか、どのような人間として完成するのかということなのです。

最初に生まれ持ってきた生きる目的とか使命というようなものは、あくまでも一つの指標であって、必ずその通りに生きないといけないということではないんです。さらに言ってしまうと、その通りに生きないと幸せになれないというものでもないんですね。ましてや、そのようにしないと魂の目的を果たせないというようなものでもないのです。人生のエッセンスの一つであると考えていいでしょう。

もちろん、「生まれる時に持ってきた目的を果たす!!」という選択をしてもいいのですよ！　使命を果たそうと考えることがいけないのではなくて、何を選択するのかをあなた自身が決めることが一番大切なんだっていうことを忘れないことです。本当はもっとワクワクすることがあるのに、「これが使命だ！」と選びたくないほうを選ぶ必要はないということなんですね。魂……つまり、**喉神の望んでいることは、あなたという一人の大切な人が、何を選択してどんな人生を生きるかを、あなた自身で完成させることなのです。**

何を選択して生きていくかの一番核になる性質の部分が、潜在意識の本能的な部分です。

側面②　過去の経験からの潜在意識

人の潜在意識の三つの側面のうちの二つ目は、過去の経験からの潜在意識です。これは生まれてきてから生きていく中で経験してきたことが記憶されていく部分です。**本能の部分の潜在意識が最初からずっと変わらないのに対して、過去の経験からの潜在意識は生きていく中で少しずつ増え続けていく部分です。**

この世に存在したばかりのころは、本能的な部分だけで生まれてきたあなた。**一人の人としてこの世に誕生してから、ずっとこの過去の経験の部分を増やしていってあなたという一人の人をつくり上げていきます。**減ることはありません。

ここに記憶されていくものは見たもの、聞いたことなどの物理的・客観的な情報だけでなく、その時にどう感じたか、どういうことを選択したか……といった、感情や行動などすべてです（どちらかというと、感情的な部分のほうが強く、印象に残ります）。**最初の本能的な部分だけの状態とはまた別の意識として、あなたが重ねていった経験、あなたが選択してきたものをずっと積み重ねていきます。**

これが、喉神が行動を決めている情報の一番大きなものとなります（もちろん本能の部分も影響はしていますが……）。つまり、この世に誕生したままの状態から、あなたが選択してきた行動と思考の結果の積み重ねにより、あなたという一人の人間らしい選択を先に準備しておくようになるのです。

先に準備をしておく理由は、顕在意識で認識するには時間がかかるからです。認識してから考えて判断しているのでは遅れてしまうため、行動を先に準備しているのです。先に決められている行動というのはここでの情報が強く反映され、行動が決められて起こってきています。

今まであなたが行動を選択してきた結果を先に準備しておくことで、常に顕在意識が選択しなくても自然とあなたらしい行動がスムーズに行われるようになっているのです。

ただし、それを本当に行動に移すのかという最終決定権は顕在意識が持っています。決められた行動がスムーズに行われるように身体に準備信号が送られたあとに、顕在意識で「行動しよう」と思うことで行動を認識します。しようと思っていることを認識した時が、最終決定する瞬間です。この最終決定を顕在意識が行使するために必要な時間が0・2秒というわけなんですね。

0・2秒なんて、ぼんやりしていたらすぐにそのまま準備されていた行動が引き起こされてしまうだろうなあ……というような、とても短い時間ですよね。人の脳とは、きちんと意識している時には、こんなに短い時間で物事を判断することができるんですね!!

決定され、準備されている行動とは、あなたがこれまで選択してきたことの積み重ねのうち、一番今のあなたに近いものが現実として起こるようになっています。つまり、すでに決められている行動というものは、喉神が独自に勝手に決めてしまっているものではないのです。

決められてしまっている行動とは、実は世間でよく言われる言葉を使うと、「習慣化されている行動」と表現することもできるのです。

これがあるから、「ぼーっと考えごとをしながら家を出たけれど、鍵をちゃんとかけたかな？　って不安になって帰ってみてみたら、ちゃんと鍵はかけられていた」ということが起こるわけです。何か別の考えごとをしていて、意識せずにぼーっとしていても、鍵をかけるための準備信号が間違いなく手に送られます。顕在意識が「鍵をかける」という情報に気がつくことがなくても、手はきちんと鍵をかけてから家を出てくることができる、というわけなんです。

それでは、先ほどの二度寝の件は？　というと、普段は起きない時間で、目が覚めても二度寝することが習慣になっていたから二度寝してしまったと考えることができますよね。ああ……つまり、日ごろの行いが大事ってことですね……。もちろん、これ以外にも原因はあるでしょうけど。

この潜在意識の経験の部分は、過去に傷ついたことなども、やはりここに記憶されています。それが行動を起こせない原因になったりすることもあります。潜在意識の情報によって行動や思考が決められている部分が多いので、一番大きな影響を与えるんですね。

大きな影響を与える分、あなたをつくっていく要素として大切な部分でもあります。

なぜなら、先にもご紹介した通り、生きることの一番重要な目的が、あなたという一人の人が何を感じて何を選択し、どう生きるかということを完成させることだからです。

経験を重ねてこの過去の記憶が増えていけば増えていくほどに、あなたはあなたらしさを増していくということになります。

側面③ 今の自分の潜在意識

人の潜在意識の三つの側面のうちの三つ目、それは、**今のあなたの潜在意識**です。持って生まれてきた本質の部分の上に過去に経験してきた部分を積み重ねていって、さらに今現在、何を思って、何を望んでいるかという情報の部分です。

これは、ここまでに紹介してきた二つの側面を組み合わせた、たった今のあなた自身の望みの部分です。この部分の特徴は常に変わり続けるものだということです。ここまでに紹介してきた二つの側面は変わることがない部分なんですね。生まれ持ってきた部分は変わらず持ち続けている部分で、過去の経験はずっと増え続けていくものだけれど、情報は変わりません。受け取り方や感情的なものは変わることがあったとしても、基本的には変わらない情報が入っています。

情報が変わらない二つの潜在意識と比べて、この三つ目の「今の自分自身」という側面の潜在意識は常に変わり続けるものです。**今、この瞬間に、あなたが感じているものや望んでいるものがこの部分です。**

過去の経験が喉神の選択で決定する行動に影響を与えやすいということに比較して、この部分は最終決定権を持つ顕在意識に影響を与えやすい部分です。今のあなた自身が感じていることを顕在意識に認識されるかたちで出現しやすい、という意味で顕在意識に影響を与えやすいものなのです。しかし、だからといって、「顕在意識がそれを選択するか」ということや「うまく認識できて、うまく選択できるかどうか」ということは別の問題なんですけどね。

今の自分自身の人格の部分だと言われると、「今の自分って、顕在意識のことじゃないの？」って思いませんでしたか？　今の自分＝顕在意識という気がするかもしれません。私もそう思いました。ですが、そうではないことが多いのです。

実は、今考えているつもりの思考も、過去の自分の経験から準備され、考えさせられてしまっていることが多いのです。**顕在意識とはコントロールできる意識で、認識できている意識です。**今、あなたが考えていること、経験していることを認識しています。「今、考えている」と思って認識している思考は、必ずしも今のあなた自身の想いが認識されているとは限らないので

3種類の潜在意識

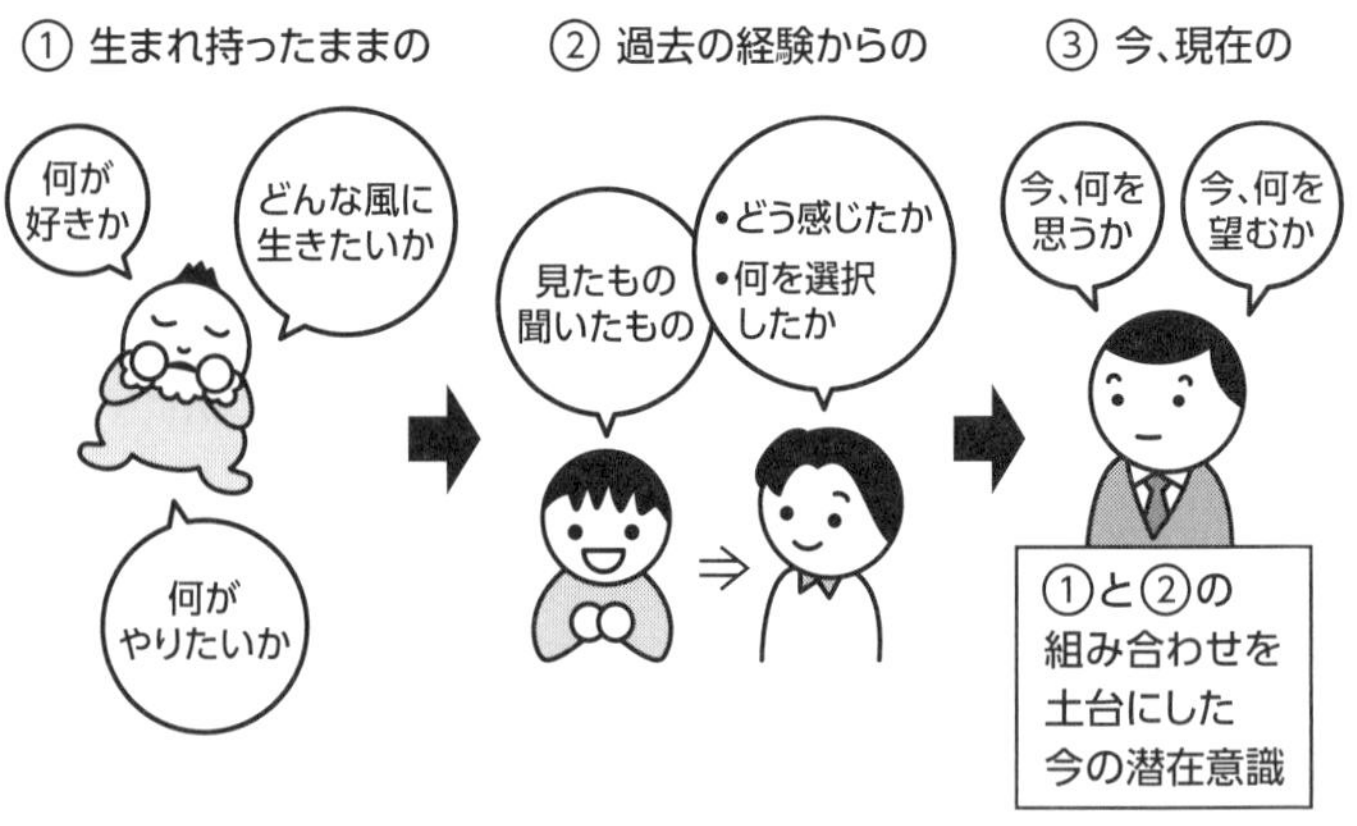
① 生まれ持ったままの
何が好きか
どんな風に生きたいか
何がやりたいか
② 過去の経験からの
見たもの聞いたもの
•どう感じたか
•何を選択したか
③ 今、現在の
今、何を思うか
今、何を望むか
①と②の組み合わせを土台にした今の潜在意識

す。

今の自分自身の気持ちというのは、実は認識できているようで認識できていなかったりします。今、頭で認識して考えていることは、今の自分の潜在意識からの情報ではなく、過去の経験から準備されている思考を認識しているということが多くあるのです。「今、私が何をしたいのかな？」とか、「どれがいいのかわからないな……」と思って、迷ったり、悩んだりしたことは、多くの人が経験しているでしょう。実は今の自分の気持ちというものは、わかっているようでわかっていないことが多いんですよね。

顕在意識は過去の経験から出てくる思考も認識しますし、今のあなた自身の人格が持つ願望なども認識します。「どっちがいいかわからない」や、「思っていることと違うことをしてしまった」というような経験は、こういったそれぞれの意識が大きくずれてしまって混乱している時に起こってくるのですね。

潜在意識――バランスの車輪

ここまで紹介してきた潜在意識の三つの側面はそれぞれに特性があって、それぞれに情報が入っていて、それぞれが願望を持っています。この三つの潜在意識のバランスが取れている状態の時、私たちは満たされていると感じたり、幸福感を得やすくなったりするということなんですね。**潜在意識のバランスを取るには顕在意識が何を選択するのか、ということが重要なポイント**になってきます。

三つの側面がある潜在意識の、三つともがそれぞれに願望を持っているのだから、どれかに傾くと全体のバランスが崩れてしまいます。というか、生まれ持った本能の部分と経験からなる意識を合わせている今の自分自身の潜在意識が弱くなってしまっていることが、バランスの崩れている原因です。つまり、極端に表現すると、準備される行動に、三つの潜在意識の「今」の部分が反映されないまま進んでしまっているということ。

顕在意識がその時その時で何を選択するかによって、側面②の過去の自分に積み重ねられる経験と、側面③の今の自分が思うことや感じることが変わってきます。

顕在意識が何を選択して、それを選択することで何を感じるのか。これが重なり合ってまた別の考えが生まれていく。これこそがあなたという一人の人をつくっていく過程であり、それが生まれてきた一番の目的でもあります。この、「何を選択し、何を感じるか」ということに正解はありません。逆に、不正解もありません。**何を選択してもいいし、何を感じてもいい。ただ、それがそのままあなたになるということなんですね。**

何を選択してもよくて、何を感じてもいい。だから、思い通りに選択できるはず。そのはずなのに、みんな同じように過ごしている毎日の中で、「すべて思い通り～！」と感じている人と、「全然思い通りにならない～!!」と感じている人がいます。「思い通りにならない！」と感じている人の中に、「本当はしたいのにできない！」とか、「こんな自分じゃダメだ！」というような葛藤が生まれてくる理由はなんでしょう？　その理由こそが、潜在意識の三つの側面と顕在意識の選択のバランスが崩れていることなのです。

思考や行動を決定づける選択が、三つある潜在意識のうちのどこかに極端に偏ってしまうことで、今、起こっている現実が、本来のあなたが「これがいい」と感じているはずの方向とは違ったものにしてしまいます。それが原因で、本来の望みとは違う選択をし続けてしまったり、思考と行動がバラバラになってしまったりというような、ちぐはぐなことが起こってしまっているのです。思い通りに選択できるはずなのに、ちぐはぐになるなんて、「ちょっと、どうにかしてよ～！」って言いたくなっちゃいますよね。自分の潜在意識だけど……。

ちぐはぐの状態とは、本来「これがいい」

潜在意識 ── バランスの車輪

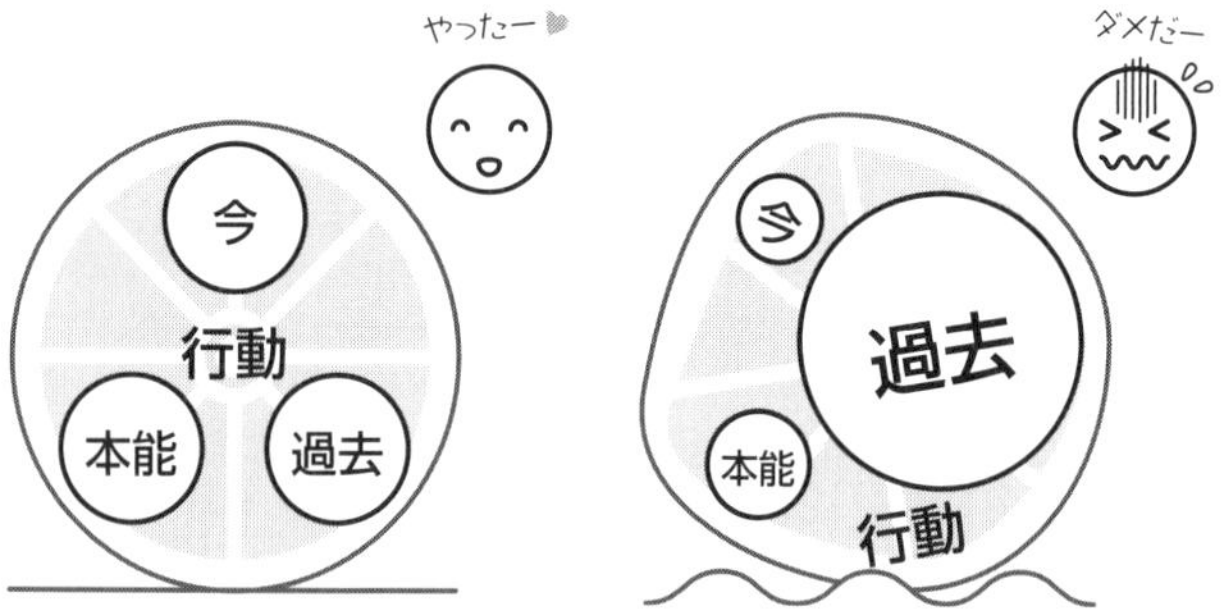

と思う現実ではなくて、葛藤が生まれている状態です。それってなんだか悪い状態のような気がしませんか？　ですが実は、この状態は悪いわけではなく、**今の状態がそのまま、現実世界で生きているあなたであるというだけ**なんです。三つの側面を持つ潜在意識のバランスが崩れていることに、良いも悪いもないんですよね。「バランスが崩れている」と表現しちゃうと悪いことのように思ってしまいますが、悪いわけではないのです。だから、このままでもいいんですよね。

そもそも、「バランスが崩れている」と表現するのも、「良いと感じる状態じゃないから」とか、「ちぐはぐになっちゃっているから」という視点から見ているだけで、そのこと自体はまったく悪いことではないのです。

でも、このままでいいって思えないこともあるわけです。自分自身が毎日の中でもっと満たされていたいとか、もっと思うように現実を変えたいとか、いろいろ考えてしまいますよね。

やっぱり、「思うようにいかない!!」って感じている状態よりも、「思い通り！」とか

「いい感じ〜」って感じていたいと思う人のほうが多いわけです。そりゃあそうですよね。それがうまくいってないから、もっとどうにかしたいって思うんだから。

もちろん、もっと満たされる毎日にしたいって考えることもいいし、そうなるように変えていくこともいい。「変えたい」って言いつつ、変えないままでも、それがあなたの選択した生き方であれば、喉神は魂の目的を達成できていますからそれでいいんですね。だから、どうするかはあなた自身が選択できるということです。

魂の満足は、何を選択しても得られるので、**目を向けたいのは、今、この人生を生きているあなた自身が満たされている毎日であるかどうか**ですよね。もっと満足感を得られる毎日にするためには、三つの潜在意識と顕在意識が何を選択するかのバランスを整えていく必要が生じてくるのです。これら意識のバランスが取れてくると、「こうしたいのにできない！」という矛盾を感じて苦しむことがなくなってきます。そして、満たされた感覚を得ることが増えていきます。なぜ満たされるのかという理由は簡単で、**潜在意識の三つの側面のうちの「過去の経験からの潜在意識」の中にある情報の中身が、満たされる選択をすることが増えてくるから**です。

普段、頭の中でなんとなく考えていることのほとんどが、顕在意識で考えていることではありません。無意識に考えていることです。無意識に考えていることを顕在意識で認識しているだけの状態というわけ。つまり、思考というものも潜在意識で引き起こされていることで、日ごろの準備されている行動と同じなんです。

思考も、行動も、多くは過去の経験から決められていることです。今まで何を選択してきたかという、あなたのこれまでの情報が、あなたの思考や行動を決めているということです。普段は過去の経験（行動や思考のパターン）から決められたことをずっと考えていて、たまにふわっと意識に上がってくるものが過去データではない潜在意識の中にある願望です。間違えてはいけないのは、普段考えている思考のうちのほとんどを占めているものが、あなた自身の本来持つ願望とイコールではないことも多いということ。あなたの中にある願望を顕在意識で認識できるようにすることで、その行動を選択できるようにしていくと現実が変わっていきます。そして、思考も変わっていくのです。

あなたが本当に望むことは、あなたが普段過去の経験によるパターンから繰り返し引き起こされている思考のすき間や、ふとした時にふわっと出現して、顕在意識で認識されるようになっています。それは一瞬認識しても、すぐにいつもの過去のパターンによって引き起こされる思考に戻ります。

「いくら考えても全然答えが出なかったのに、別のことをしていたら急に良い案が思いついた‼」という経験をしたことがあるでしょう？　これは、一生懸命考えていたはずのつもりが、実は過去からの思考だったから答えが出なかったんですね。その状態から、側面③で説明した、今のあなた自身である潜在意識が表面化して顕在意識に認識された時に、なかなか出てこなかったはずの考えが浮かんで「思いついた‼」となったのです。もっと早く出て来てくれたらよかったのにね。

過去の経験ばかりを選択してしまっている状態が長く続くと、ずっと同じ考えから抜け出すことができず、今のあなたの願望がどんどん見えにくくなっていってしまうんですね。「過去の経験から決められている行動や思考を選択している状態こそが、あなたらしい姿である」という状態が強化されていっている状態です。

この状態が今のあなたが望んでいることとずれている場合、葛藤が生じてきて、「生きづらい」と感じる現実が増えていくのです。このような葛藤をする状態を打破するには、どんな行動をするのかを意図的に選択することです。しかも、思い浮かんだ時にすぐに選択すること。そうじゃないと思考は今までの行動に戻るからです。でも、本当は過去の経験から決められている行動に従ったほうが楽チンだったりするんですけどね。

魂が喉神となってあなたとして生まれてきた理由

喉神があなたの創造主で、あなたの魂であるという話をしました。喉神は目的があってあなたという個性を持った人をつくって、この世に生まれてきたということです。喉神はあなたであってあなたではありません。同じ一人の人間だけれど、あなたという人はこの世に生まれてきた、たった一人の存在で、今この人生を生きている人です。あなたが命を終える時、喉神はあなたという一人の人と統合されて一つの魂となり存在し続けます。

魂とは、いくつもの人生を生きてきた存在です。魂と統合された時に、あなたはこれまで生きてきた人生と一つになり、すべてを知ることになります。だけどそうなることは、今を生きているあなたという一人の人ではなくなることでもあります。今生きているあなたという一人の人格は、この人生でのみ存在している、とても貴重で大切な存在なんですね。**生きていて肉体と結びついている間の一人の人格とは、唯一その時だけ存在している意識的な存在**なのです。統合されて魂に戻ること、それは本来の姿に戻ることであり、今、この瞬間を生きる自分とのお別れの時でもあります。

「なぜ誕生したのか」

それはあなたの魂があなたを生きるためだったからです。**魂は今の「あなた」という一人の人の一生を生きることを目的に生まれてきたのです。**あなたでなければ体験できなかったことを体験するために、あなたに生まれてきたのです。

なぜ生まれたのかということをもっとよく知るためには、魂と喉神についてのお話を紹介しなければなりませんね。それを知ることでもっと喉神のことをよく知ることができ、喉神のことを知ることはあなた自身についてもっと理解を深めることができるようになるのです。

魂が喉神になる時

一人の人の命が誕生する時、一つの魂が身体に宿ります。その時に、魂は喉神となります。魂と喉神はもともと同じものですが、その性質はまったく違います。両者の一番の違いは、魂は自由でそれ自体の意思を持って思い通りに活動ができるのに対し、喉神はそれ自体の意思で活動することはできない点です。**喉神ができることは、自分が宿った一人の人が生きることを助けること。**魂だったころに望んだ一人の人の人生を十分に生きるために、その助けをするための存在になるのです。

喉神は、自分がつくり上げた人の一部になってしまうのですね。喉神自身には、魂だったころの記憶は消えてはいませんが、その情報は通常、今生きている人の意識には上がってきません。ですので、普通は自分が生まれる前の記憶は、顕在意識上で認識されません。その理由もやはり、今回の人生を生きるためです。

ですがまれに、生まれる前の記憶がある人もいますよね。母親のお腹の中にいた記憶とか、この世に生まれてくる前の魂の時の記憶、今回の人生の前に生まれて生きた記憶など。これらの記憶がある人もいることは、とても興味深いことですよね。こういう記憶があることは、きっと何か目的があってのことなんだろうと思いますね。もしかしたら、**この世で生きている人たちに、本来は理解不能な魂の世界のことを少しずつ気がつかせていくためなのかもしれません。**

前世の記憶や、中間世の記憶、また、胎内記憶のような少し不思議な話を、「嘘だ」と決めつけて排除してしまうのではなく、興味を持って知ろうとすることは、生きていくうえでの楽しみが増えることだと私は感じています。だから、そういう話が好きです。もちろん、嫌いな人がいても、それはそれでいいと思うけれど……。

魂という存在は何度も人間となってこの世に誕生し、人生を経験しています。その経験を積み重ねることで魂は成長していくのです。このことについてはシルバーバーチの霊訓でも、魂についての説明で書かれています。

ただ、「この世には修行で苦しい思いをするために生まれる」というような内容は少し受け取り方が違うと私は考えています。「成長するための修行」と表現すると、多くの人が「それは何か苦しいことを乗り越えなければならないものだ」と考えてしまいがちなのですが、そうではなくて、**「魂が最初に設定した一人の人格の人間を生きること」が修行なのだ**と考えています。

そもそも、「魂の成長」という表現がこの過程の本当の意味を表すのに適切な言葉なのかどうかと考えると、もしかしたら違うのかもしれません。「成長」という言葉からイメージするものよりも、もっと深い意味がそこにはあるのかもしれない、そう感じるのです。意識を拡大させていく過程……。それを一言で表現すると「成長」になってしまうのでしょうけど……。

シルバーバーチの霊訓の本では、「人のために生きる」「苦しいことをして霊性を高める」と書かれています。この訳は正しいのだろうけれど、本来意図して伝えたかった意味とは違うのかもしれないなあと感じるのです。その理由は、私がシルバーバーチの本を読んだ時、書く人によってずいぶん本の内容が変わるなと感じたからです。これは私の解釈なんですが、この本を書いた人が、霊媒であるバーバネル氏の発する言葉をどう受け取ったかによって解釈が変わっていて、そこに書かれている内容が、本来シルバーバーチが伝えたかったことと違うんじゃないかなって思ったんです。

シルバーバーチの本は実際にシルバーバーチが書いたわけではないのです。シルバーバーチの霊訓に書かれていることって、はっきり言って、実はものすごく又聞きの又聞きみたいになってしまっているものなんですよ。どういうことかと言うと、あの内容は、シルバーバーチよりもずっと霊性の高い存在が、シルバーバーチというインディアンの霊を通して意思を示しているんですが、それを、モーリス・バーバネルという人間の男性の身体を通して発言され、それを聞いていた人のうちの誰かが書き連ねているものなんです。ここまで来るだけでも霊（意識体）や人間など、それなりの数の意識を通しているのがわかりますよね。この中で、ほんの少しずつのイントネーションの違いとか、受け取り方の違いというものが発生しているのではないかと思うんですよね。

私たちが普段何かを伝えたりする時にだって、自分が思っていたのと違う、予想外の受け取り方をされてしまって、伝えたいことがうまく伝わらずに、微妙に内容が変わってしまうことは少なくありませんよね。伝える時の思い違いは、違う次元で行われていた意思伝達でも起こりうるものだと思うのです。実際、本の中でも「うまく伝えるのが難しい」というような表現が出てきます。

こういったことから、シルバーバーチの霊訓で霊性の高い意識体が伝えたかったことは「人間として生まれて苦しいことをすることで魂が成長するために生まれている」ではなく、**「自分が設定した一人の人として生まれ、その人生を経験する」**というような、**「ただ、生まれて生きることこそが、魂が成長するための修行である」**ということだったと私は解釈しているのです。

一人の人を生きることで魂は成長する。その内容は苦しい修行をすることでも達成されるし、ただ楽しい人生を生きることでも達成されるんです。どのような人生を生きるかという内容は、最初にどんな人格の人をつくるかという段階で魂によって予測して決められているんですよ。その目的に沿って生きるように人格や背格好などの外見的要素も最初に決めてしまっているのです。人に尽くすような人生を経験しようということが目的なら、世話好きな性格になる。自立して一人でいろいろなことをする人生が目的なら、一人でなんでもできるような人をつくる。いろんな困難を乗り越えたいならそのような人、ただ楽しみたいならノリよくなんでも楽しめる人……。最初から、「こんな人を生きよう」と意図的に決めているのです。しかも、その人生を生きることを楽しみにしながらね。

魂の世界には苦しいというようなものはなくて、ただ心地よい世界。だから、「こんな人で、こんな人生を生きよう」と決めている時は、その体験がどのようなものでも、期待に胸を膨らませているんですね。修行って苦しいものだけじゃないんです。魂自身が設定した、一人の人生を生きることが成長につながっている。しかも、どのような人生であっても、生きることが楽しみなものなんですね。**生きること自体に価値があるっていうこと。**

人として生まれることが決まった時に、魂は自分が生きたい人間をつくります。どんな人になってどんな経験をしたいか……。これら、細かいことまで考えてつくられた人間はまさに、どんな人であっても魂にとって理想そのものの人間が出来上がっているのです。何が言いたいかというと、あなたの喉神にとって、あなたはあなた以外のどんなすごい人よりも最高の理想的な人間だということです。

たとえあなたがコンプレックスを感じている部分があったとしても、そのコンプレックスも、あなたがコンプレックスを感じていること自体も、あなたのすべてが喉神にとっては理想の人間なのです。そして、**実は誰よりもあなたのことを愛している存在が喉神なのです**。

あなただって自分の理想通りにつくった何かがあったなら、ものすごく気に入っているでしょ？　大好きなはずです。人って実は、自分の中にどこの誰よりも自分のことを愛している存在を持っているのです。だからこそ、人はどんな人でも心の奥底で自分のことを好きでいたいと願っているんですね。だって、**自分の中にいる、自分の創造主で自分の一部で、自分のことを守っている存在が、誰よりも自分のことを愛しているのだ**

から。

だから、**究極を言えば、喉神は自分のもとの姿である魂が成長するために、あなたを苦しませたいなんて願っているはずはないんですよ。**あなたが苦しみに打ち勝つような生き方をすることも、気楽に楽しんでいる人生を送ることも、すべてあなたに託されているのです。あなたが一番満たされることをして、幸せを感じながら納得のいく人生を選ぶか、葛藤しながらそれと戦って生きていく人生を選ぶかという、どのように生きるかを決められるのはあなただけなんです。**あなたがどんな生き方を選ぼうとも、喉神はすべて受け入れてあなたの味方でいるのです。**

喉神の役割

喉神がまだ魂だったころにあなたをつくって生まれてきたという話をしました。ここからは、喉神はあなたの身体の中に入って、いったいどんな役割をしているのかについてご紹介していきたいと思います。

喉神はあなたの中に入ると、あなたがあなたとして生きていく助けをします。必要な情報を、あなた自身が認識できる顕在意識に届けたり、スムーズに生活ができるように行動を準備しておいたり、意識していなくても行動を起こしていたり……。

ただ、喉神はあなたの一部ではありますが、あなたの人格に直接関与はできません。あなたが決めることに従うことしかできないのです。その理由は、あなたが一人の人として生きていく中で、喉神が何かの決定権を持ってしまうと「あなたという一人の人を生きる」という目的を達成できなくなるからです。なので、行動を起こすのは基本的に、あなたの過去の経験からあなたがとる可能性が高いと予測される行動を起こします。正しく言えば、とる可能性が高い行動を、すぐに起こすことができるように準備をするんですね。

準備された行動は、あなたが「自分で考えた」というかたちであなたの顕在意識で認識されます。そして、それを実際に行動に起こすか、起こさないかの最終決定権はあなたの顕在意識が握っています。**行動の最終決定権を顕在意識が握ることで、準備されていた行動が今あなたの望むものと違った場合に、その行動を制止することができるんです。**

制止することができるというのは、準備されていた行動をやめておくことができるっていうことです。

どんな行動をするかの準備は通常、過去の経験から決められています。ですが、それ以外の潜在意識の情報も、喉神によって顕在意識で認識できるよう、願望や思いとして出現します。それらを意図的に認識するようにしておくことで過去から決められた行動ばかりでなく、それ以外の行動を起こすことが可能になり、起こす現実をよりあなたが望むものにしていくことができるのです。

基本的にあなたが過去に選択してきたもので決定される行動ですが、実は喉神が直接体を動かすことがあります。それが、熱いものや痛いものに触れた時にとっさに身体を引っ込めたりするような、命にかかわるような危険な時にする反射的な行動です。**喉神**

はあなたの身体に入って人生を生きるために、あなたを守っているのです。過去の経験に関係なく、身を守るために直接喉神が動かす行動が「反射」と言われている動きなのです。

喉神は、ほとんどの場合、あなたが過去に経験したことや選択してきたことの中から行動を準備することしかできません。それ以外は本能的な欲求によるものです。喉神はあなたの決定通りにしか動くことができないのです。

過去の選択ばかりではなく、意図的に今の自分の思いを受け取って、素早く選択して行動を変えることで、そうすることがあなたの選択する行動として過去の経験からの情報の中に蓄積されていきます。そうなると、**それがあなたらしい行動となって、喉神が準備する行動や思考のパターンもそのように変化していくのです。**

準備される思考や行動が変化してくると、あなたの行動と望むことのズレが少しずつなくなっていきます。**ズレがなくなってくると毎日の生活の中で「思い通りにならない」というような葛藤を感じることが減って、快適で満たされた気持ちを感じることが増え**

るようになるのです。

判断を決めるタイミング

顕在意識が行動を最終的に決定することができるのはわずか０・２秒。でも、その０・２秒の最終決定権が大切です。

ここで注目してもらいたいことがあります。０・２秒で決断するのは、あなたの顕在意識で、あなたの願望や準備されている行動が認識されてから０・２秒ということ。それって、すぐに決めないといけないということだから、「そんなことできるかな？」って不安になりませんか？

「決められなかったらどうしよう？」とか、「そんな一瞬、わからないかもしれない……」とか、いろいろ心配になってきそうです。私も、そういう時、「どうしよう〜!!」

って不安になるタイプです。だからって、不安になってしまっても特に良いことはありません。なので、どうなのかわからない時は強引に決定しなくても大丈夫です。

何かの判断をする時に、すぐに「こうだ!!」とわかって判断することができる人と、あとから「ああ、こうかもしれないなあ……」と、じんわりとわかってくる人がいます。私はどちらかというと後者のほうです。

人に何かを言われた時に、すぐに返事や何か反論などができる人と、その時は頭が真っ白になって何も言えずに、あとからその時に言いたかったことがわかってくる人がいます。あとからわかるタイプの人は、判断するのはわかってからでもいい。頭が真っ白の状態で無理に決めなくていいのです。**その時に決められないなら、その時に決める必要はないのです。**

私が頻繁に耳にする言葉があります。「今、しない人は一生しない」とか、「今すぐしろ」というような言葉です。

実は私は、こういうことを言われるのが嫌いです。これは、すぐに反論できる人のための考え方だと思っています。自分の考えがすぐに出てきて、すぐに反論したり自分の意見を言うことができるタイプの人は、この考え方を採用したらいいと思います。ですが、あとから「あ、私ってこう思うな」とわかるように、自分の意見にすぐに気がつくことが苦手なタイプの人には合っていないですよね。なぜなら、即座に自分でどうしたいかを認識できていませんから。**するかしないかを決めるのは自分が認識した時ですから、そのタイミングは他者に決められるものではないんですよね。**

他の人がなんと言おうと、あなた自身が今、感じていることに意識を向けておけばいいだけのことです。他の人の意見に惑わされてはダメ。それを言っている人はその人から見えた世界だけでものを言っています。

すべての人が、自分の見ている世界でしかものを言えません。どんなに考えても、それはすべてその人の世界から見えているものだけです。「自分はそうじゃない」と言う人がいたとしても、そう言っている本人が見ている世界が、そう見えているだけです。なぜなら、人は誰も他者になることはできないから。他の人が言うことはすべて、その人が見ている世界の話で、あなたはその世界と違う世界を見ていることを忘れないでください。**あなたは、あなた自身が感じることに集中して決められるようになることが大切なのです。**

もしも、どうしても「すること」と「しないでおくこと」のどちらにも決めることができなくて、迷ってモヤモヤするのなら、ジタバタしたらいいと思います。その時に心に思い浮かぶ人に相談しまくってみるとか、この際、「鉛筆を転がして決めてしまえ！」って運任せみたいにやってみたっていいじゃないですか。そこで出てきた答えに対して、あなたがどう感じるかということに、あなたの答えへのヒントが隠れているでしょう。何を言われても、鉛筆の答えがなんであっても、**最終決定はあなたができるということを忘れなければいいんです。**

自分の世界から見た時に本当に価値のあるもの

ある朝起きると、ガラス玉が何十万円や何百万円の価値のあるものになっていて、大粒のダイヤモンドがどこにでもあるような普遍的なものになっていたとしたら、あなたはどうしますか？

先に紹介した哲学者デカルトの、「我思う、故に我あり」という考え方。この考え方でデカルトは、この世のすべては疑うことができるもので、絶対に疑いようのないものとは、**「自分が感じ考えていること」と「自分が経験したこと」**だと言っています。この考え方はとても興味深く面白くて、そしてまったくその通りだと思うのです。

例えば、あなたは今、この本のこのページを読んでいる。これはまぎれもなく疑いようのない事実ですよね。では、今、あなたの知り合いからメールが届いたとします。メールじゃなくて、ＳＮＳ等のメッセージでもいいです。そのメッセージは本当にあなたの知人が送ったものでしょうか？　普通に考えたらその人からだけど、絶対にそうかと言われればそうじゃない可能性もありますよね。乗っ取りにあったとか、誰か他の人が操作して送ってきたという可能性もあります。ですが、**あなたにメッセージが届いたという、あなたが実際に目にしていることは疑いようのない事実です**。

この例に挙げた通り、今、あなたが見ていることや経験したことと、今、あなたが考えていることはあなたにとって絶対に疑うことのない事実なのですが、それ以外のことはすべて疑うことができるんですね。

人は誰もが喉神が魂だったころに「なりたい」と考えた理想の人間です。すべての人が似ている部分もあるけどまったく違う人間です。この世に同じ人間なんて存在しません。ああ、「同じ人間が存在しない」というのも疑うことができるのですが……。ですが、私の考えの中では存在しません。

人というものは、自分の手で何かをつくる時、まったく同じ物をつくることってできないですよね。絶対に微妙に違うかたちになります。例えば、粘土を丸めて球状の物をつくったとします。それとまったく同じかたちの物を丸めてつくろうとしても、まったく同じ物はつくることができませんよね？　どうしても、微妙に違うようになってしまいます。つくれる人がいたら、人間ではないのではないかと疑ってしまいそうです。

自然界にあるものにまったく同じものは存在しません。**それは魂も同じで、まったく同じ人間はつくれない。**まったく同じになれるのは、人間が何かしらのツールを使ってつくった物だけです。機械がつくった物でさえも、同じようで微妙に違うこともあるほどです。

人はすべて違うようにできているので、世界を見ても同じように見えてはいないんですね。感じ方も違うんです。刺激を感じることができる受容体のかたちや量も微妙に違うので、同じ情報に触れても、まったく同じに情報を得ることすら本当はできないんです。

同じ景色を見ても同じようには見えないし、同じ物を触っても同じ感触を感じていない。もちろん似ているかもしれません。でも、似ていないかもしれません。疑いようがないのは自分が感じたこと、考えていることだけですから、他の人がまったく同じに見えて感じているという考えは疑わなければなりません。

同じ青空を見ても、同じ青空には見えてないんです。一緒にいて、すぐ隣にいても見えている空の色は同じじゃない。

色だけじゃなくて、風の強さも匂いも、シーツに触れた時の感触も、お風呂のお湯の温度だってそうです。すべてにおいてあなたとあなたの隣にいる人は、**まったく同じ環境にいてもまったく同じように感じていない**。違うように見えていて、違うように聞こえ、違うように感じているんだから、「これが好きだな」とか、「これが嫌いだな」って思うものがそれぞれ違っていて当たり前なんですよね。これは、違う世界を生きているようなものだと言えるのではないかなって思うのです。

ほんの少しの感覚を、まるで大きな刺激のように感じる人もいる。最近、特に敏感な感覚を持つ人の存在が注目されることも増えてきました。

そういう自分と違う感じ方をする人のことを、変わっていると感じるかもしれません。だけど、みんな自分の感覚しか知らないから、他の人が変わっているように思えるだけなんですよね。**むしろ、変わっていて当たり前。違う感覚を持つ人たちがいるからこそ、この世界は面白く、だから美しさが生まれている。**

そして、世の中にあるすべての尺度が、実は自分の世界とは違う人が決めた尺度であることに気づくべきなんです。言葉も、数字も、何かの尺度も、常識も。すべてがすでに決まっていたことで、それは、あなた以外の他の世界を生きている人が決めたものです。つまり、デカルトの表現を借りるならば、疑うことができるもの。

例えばお金、つまり貨幣価値なんかもそうです。「高い物が良い！」と言う人がいるかもしれません。でも、お金という存在自体が、誰かが決めたもの。金額も誰かが決めた金額。金額を決める指標にされるものも、誰かが決めています。この中に、あなたが決めたものはありますか？　ないですよね。

もちろん、決められているものだって、きちんと考えられて決められたことでしょう。
だけど、あなたとは違う感覚を持った、違う世界を生きている誰かが決めたものです。

それ、**あなたの世界から見た時に価値があるものですか？**

「違う世界を生きている人」なんて表現すると、少し極端すぎるかもしれません。だけど、**そのくらいの感覚で、他者がする評価と、自分自身が感じる評価を分けて考えてもいいと思うんです。**なぜって、他の人の考えと自分自身の考えの区別がはっきりつかないで自分自身が置き去りになってしまうことを防ぐことができるから。

「世間一般で言われる価値の高いものが良い」、そういう判断でもいいんですよ。でも、**あなたが喉神に与えられた、あなただけが見て感じることのできる世界から判断した時に、価値があると感じるものに焦点を当ててみる世界は、もっと面白いかもしれません。**
あなたがなぜそのように感じるのかには、きっと理由があるから。

すでに決められている価値とは全然違うかもしれない、あなた自身が「価値がある」というものを選ぶことは、あなたがもともと持って生まれてきた、あなた自身の感覚を信じることにつながっていきます。**あなたの魂が意図したその感覚を楽しんでみることは、あなたの潜在意識にあるあなたの願望を引き出しやすくしてくれるかもしれません。**

もしかしたら明日、巨大なダイヤモンドのかたまりでできている惑星が発見されて、めちゃくちゃダイヤモンドの価値が下がるかもしれません。ダイヤモンドを簡単に生成する機械が発明されて、ダイヤモンドがガラスの代用品に変わることだってあるかもしれない。今の価値観では、ダイヤモンドよりもガラスのほうがずっと価値は低いけれど。それが急にひっくり返ることがありえないわけじゃない。

そんな、**いつ変更されるかわからないような、誰かが価値を決めてしまっているものにあなたの価値観を合わせるのか、それとも、世界でただ一人、魂の理想を詰め込んでできているあなた自身の価値観を信じるのか、それはあなた次第です**。どっちを選んでも、それがあなたを生きることになるのだから。

この世に存在するほとんどの名前や思想、そしてあらゆる物は、そのすべてが、「あなたが考えたりつくったりしたものやこと」か、「他の誰かが考えたりつくったりしたものやこと」に分けられるんです。世界にあるほぼすべてが、誰かが考えたことや誰かが名前をつけたもの。例えば本だって、「本」という名前をつけた人が必ずどこかに存在していたのです。言葉も、名前もすべてのものが、いつか誰かによって考えられたものですよね。あなたがつくったり考えたりしたもののほうが、圧倒的に少ない世界です。

誰かが決めてくれていたものやことは便利ですが、それらにあなたが縛られて、あなた自身が思うことが表現できないのであれば、なんだかもったいないように思いませんか？　もちろん、最低限守らなければならない社会のルールを無視して生きろとか、そういう意味ではないけれど。**何を思い、何を表現して何を信じて生きるのかは、すべてその人の自由であるという権利が許されているのです。**

言葉を最初に考えた人は、どんな風に考えたんだろうって不思議に思いませんか？　私はとても不思議に思います。

時折、そういった、他の人が考えたものにすごく縛られてしまっている人を見かけることがあります。その人自身がそれを選んでいるんだからそれでいいんだろうけど。

それでも、もしもです。もしも、これらをつくった人たちと自分は違う感じ方をしているのだから、本当は自分の感じた通りのほうを選んでいいということを知らないだけだとしたら、**知ることで選択は変わるのかもしれないなあと、そう感じるのです**。縛りから抜けて自分の自由を取り戻すことができる人が出てくるのではないかなあと。

言葉についても同じように思うことがあります。言葉には力があるという考え方があるのは、あなたはご存知でしょうか？

実際に言葉には力があるとは思う。だけれど、イヤだなと感じることがあったのです。なぜか、極端に言葉に力があるということに重きを置きすぎて、言葉の奴隷のようになっていると感じるような言動をする人を見かけることがあったのです。言葉に重きを置きすぎて人の気持ちをないがしろにしてしまっていることが、なんだか違うように感じられて。

きっかけになったのは、ある人が他の人に対して、「その言葉は悪い意味だ。だから使った人間は悪だ」という接し方で人を責めているように感じたことです。相手の話したこと（伝えたかったこと）の意図を考えずに、「悪い」と責め立てるのであれば言葉の力なんて、そのような考え方はないほうがいい。そう感じたのでした。

私の解釈で言うと、言葉自体に力があるというよりも、言葉に力を与えているのは人なんです。言葉の意味を知る人がその言葉に力を与えているから、言葉に宿る力が表れてきていると考えているんですよね。言葉は他の誰かが考えたものだから。**言葉の意味を知り、その意味を言葉にのせるから力になるんだと思うんです。**

例えば、その言葉の意味を知らない人たちが、意味を知らない者同士でいくらその言葉をつぶやいても力は持たない。そう解釈しています。

だから、**使う人がどのように言葉を解釈してどのように力を与えるかが大切。**そう、思うんです。

良い言葉も悪い意味で解釈したら働く力は悪くなり、一般的に悪い言葉でも良い意味で解釈できれば良いほうに力が働く。だから、大切なのはあなた自身が言葉の意味をどんな風に解釈し、気持ちをどこに向けるかということ。それによって、生まれてくる力は変わってくる。どんな良いものも良い考え方も、すべては使い方次第。言葉に力をのせるのであれば、それは良い方向へと働くように力をのせるほうがずっといい。**何をするにしても、その使い方がどのようになるのかは、実はあなたがどう感じたかで決まってきているのです。**

あなたは、今あなたが思っているよりも、もっとあなたが本当に感じていることを信じてみてもいいのかもしれませんよ。

願望を顕在意識で認識させるもの

先に述べたように、潜在意識には三つの側面があって、日ごろの行動は過去の経験から決められているものでその多くが占められています。

行動の最終決定権は顕在意識にあります。

顕在意識が行動を最終決定するために必要なのは、過去の経験から準備されていた情報だけではありません。他の潜在意識の情報も必要になりますよね。普段、先に準備されていて、認識されるのはほとんどが過去の潜在意識の中のものです。

「それじゃ、過去以外の二つの側面の情報は顕在意識で認識できないの？」と心配になってしまうかもしれませんね。でも、大丈夫。過去だけではない、他の二つの潜在意識の情報は、まったく顕在意識で認識できないのではありません。過去の側面ではない二つの潜在意識の情報も、顕在意識が認識できるような状態で現れるようになっています。

潜在意識の情報を顕在意識で認識できるようにすることも喉神が管理しているのですが、こちらは繰り返し考えてしまう思考と違って一瞬しか現れません。何かに思い悩んでいて、急に良いアイデアなどが「ふっとひらめいた！」というようなものがこれです。思い悩んでいる状況が繰り返し考えている思考で、ふっとしたひらめきが今のあなたの側面の情報です。では、生まれ持ったものは？「なんとなく好き」「なんとなく嫌い」というような、はっきりと明確な理由が思い当たらない感覚であることが多いと思われます。といっても、三つの潜在意識は互いに影響し合っているので明確には分けられないし、分ける必要もないいんですけれどね。

潜在意識の中にある情報はとっても膨大で、顕在意識で認識することがとても難しくて、なかなかできないものも多くあります。ですが、ふっとひらめくように気がつくことができる情報や、なんとなく……という感覚で認識できる情報も、実はたくさんあります。

この情報を顕在意識で気がつくことができるように、意識に上げているのも喉神です。潜在意識の動き……というか、意識全体の動きを扱っているのが喉神なんです。**喉神とはもともと魂ですので、潜在意識というもの自体が喉神のようなもの。**

どの人も同じように顕在意識で認識することが可能な潜在意識の情報が、一日に何度も上がってきています。「私は全然そんなのない‼」という人もいるかと思いますが、気がついていないだけです。本当は一日に何回も上がってきているはずのその情報の多くが、気がつくことなく流れてしまいます。それはイメージすると、利用者の多いＳＮＳのよう。しょっちゅう意識して見ていないと、気がつかないうちにどんどん情報が流れていきます。

気がつけない理由は、意識していないから。自分の中にあふれてくる情報を意識せずに流してしまって、過去からの経験によって準備された思考に流されてしまっていることが多いのです。日ごろ、なんだか同じようなことをぐるぐる考えてしまっていませんか？　その場合は、過去の経験から準備されている思考だと思ってほぼ間違いありません。その、ぐるぐる考える思考に影響を受けすぎたり、本当にぼんやりと意識せずに過ごしていたりすることで、他にも上がってきている情報に気がつかなくなってしまっているんです。

そもそも、過去の経験から準備されている行動自体も、気がついていないことが多いんですよ。今自分が何をしているか、気がつかずに時間が流れていることはとても多いのです。

出かけ先で、「あれ？　鍵をかけて出てきたかな？」と急に心配になることや、「何か考え事をしていたら、気がついたら学校や職場に着いていた……」などというのも、その時自分が何をしているか気がついてなかったからですよね。

自分で意識して考えていなくても、喉神が行動を決定して勝手に動いてくれているので、勝手に日常が流れていきます。過去の行動で準備されている行動はパターン化しているものです。「自分で考えた」という認識のされ方で意識上に上がってくるので「自分で考えて行動している」と思っているけれど、実は自分の過去によってパターン化されて決められたことをしています。

それでも特に大きな問題はなく、毎日が過ぎていきます。自分で気がつけるように意識を向けていなくても、実際に動いて行動しているので視覚や聴覚、その他の情報からなんとなく確認できます。

しかも、その行動はもともとあなたが今までしてきた行動の積み重ねから決定されているので、特に違和感のあるような突拍子もないようなことは起こりません。突拍子もないような行動をとったとすれば、それはもともとあなたがそういう傾向を持っていたからということになります。

喉神が独自で行動を決定するのは反射などの命の危険を守る時だけです。それ以外は決定権がありません。なので、決定されている行動や思考はずっと過去の経験が基本。過去の経験の中にはもちろん、本能的に持っているものも含まれていますから、明らかにおかしいということにはなりません。

顕在意識に上がってくる潜在意識の情報を、きちんと認識して行動に生かしていくようにするためには、意図的に潜在意識からの情報に気がついて受け取ることができるようにしておく必要があるのです。他の何かに頼ることはできません。

情報をしっかりととらえて、どうするかを決めるのはあなたなのです。あなたが決めることに従って、あなたが生きることを喉神が支え続けています。

喉神が魂の時に決めていた生きる道

喉神が魂だったころ、あなたという一人の人をつくる時に、望んだ生き方があります。

それを世間では「使命」とか「宿命」などと言ったりします。これは「絶対にそのように生きるべきだ」というようなものではなく、希望というか、指標のようなもの。それは何か、すごくえらい人になるとか、ものすごい結果を残すといったものではないこともあります。

ただ静かで穏やかな生き方の場合もあれば、激動の生き方の場合もあると思います。でもね、ここまで紹介してきた通り、そのように生きることが絶対的な目的ではありません。**あなたという一個人がどのように生きるかということが一番大切な生きる目的な**

ので、それは臨機応変に変更可能なものなんです。

世間的にいわれる「使命」みたいなものがあるのだとしたら、その生き方の通りに生きないといけないような気がしてくる人もいると思うんですよね。ですが、「そう生きるために生まれてきた！　だからそうしなきゃ‼」ってかたくなに考えてしまうようになると、生まれてきた本来の目的からずれてしまうんです。

だけど、「こんな風に生きたらどうかな」っていう、模範解答じゃないけど見本みたいなものはあるんです。それが、世間一般では「使命」などといわれています。そして、**それに向かっている時が実は一番、起こってくる出来事がスムーズに流れる**。とはいっても、その見本がすごく波乱万丈なものだったら、荒波のようなことばかり起こるかもしれないけれど。

もともと望んでいた生き方に合わせて生きることも悪くないんです。どんな生き方をするのもあなたの自由だから。なので人が生まれ持っている、このように生きるべきという使命があるのかないのかを考えた時に、**「生きるべき使命はあるけれど、ない」**というのが私の解釈なんです。

すべての人が今の自分の生き方や考え方に自信を持って、自分が思うように生きるのが正しい。

でね、あなたがどんな生き方をするのかを決めていく時に取り入れていきたいのは、やっぱり過去の経験以外の潜在意識の情報なんですよね。過去の経験で準備された行動は、あなたが意識していなくても勝手にそれが現実に起こってくるので、その通りにしてしまうのが、実は一番楽チンなんです。

一生懸命考えている時だって、思考の多くは今までの経験から準備されたもの。だから、いつだって同じようなことをぐるぐる考えている。特に考えない人は考えない。いつも通りのあなたでいられる。

ただし、**不思議なもので、経験というものは増えていくから、少しずつ塗り替えられていきます**。あなたがずっと同じことをぐるぐる考えているように感じていたとしても、実は少しずつ変わっていっているのです。最初に生まれ持ってきた本能的な潜在意識の中にある、決めてきたはずの生きる道が変わってくる原因は、こういったところにあるというわけですね。

生まれ持った目的が失われる理由

あなたは「自分がなぜ生まれたのか？」ということに興味を持ったことはありますか？もしくは、「なんのために生まれたのか？」や、「どんな使命を持って生まれたのか？」など。自分が生まれた意義について考える機会が、今まで生きてきた中で何度かあったかもしれません。

人は「こんな風に生きたい」という希望を持って生まれてくるのだとしたら、なぜ、それを覚えていないのでしょう。なぜ、希望通りにならずに失われてしまうこともある不安定なものなのか、と不思議に思いませんか？

達成するべき使命を持って生まれてきて、そのように生きるために存在しているのならば、はっきりそれがわかっていてもいいはずです。

この世に誕生した時、人には本能的な生まれ持ったままの状態の潜在意識しかありません。その情報の中にあなたの基本的な人格や、これからどのように生きていきたいか、そして、生きるために必要な欲求などの情報が入っています。つまり、ここの情報の中に使命も含まれています。

ただ、これは先にも紹介した通り、**絶対的な使命ではありません**。この世に生まれた一人の人格が何を選び、どのように生きるかはその人に託されていて、それが第一に優先されるべきことなんです。

違う表現をすると、この「使命」というものは魂の一つの賭けです。こういう人格の人をつくり、このような環境を用意して、こういう人生を設定したけれど、この先どうなるかは実際にその人になって人生を送ってみないと何が起こるかはわからない。自分の想定した「使命」通りに生きるのか、それともまったく違った生き方をするのか。それが楽しみであり、得られた結果が、一つの魂としての深みを増す経験にもなる。だから、魂が最初に設定したままに生きるように完全に決められることはないのです。

最初に設定された情報だけで生まれてきたあなたは、喉神と一緒に一つひとつ、初めての経験をします。魂はたくさん経験してきているけれど、喉神とあなたにとってはすべて初めての出来事。この世に生きるという初めての出来事を重ねていきます。

起こった出来事に、びっくりしたり、喜んだり、怖いと感じたり、イヤだと感じたり、面白くてたくさん笑ったり……。それらは経験として蓄積されていきます。記憶されたその内容によって、最初は何もないフラットに感じていたものに対して「怖いもの」や「面白いもの」という独自の見方が追加されていきます。

あなたがその一瞬一瞬に感じたことがどんどん蓄積されて、独自の見方はどんどん濃くなっていき、生まれてきた時に持っていた、最初の感じ方から離れていくのです。最初は「面白い」と思ったものが、いつしか「苦手」に変わったり、最初は「苦手」と思ったものが、「面白い」に変わったり……。その時にあなたが感じるものがあなたになっていきます。

変わっていく情報の中には、あなた自身が実際に「面白い」と感じたこともあれば、他の人が「面白い」と言ったから、「あれは面白いものだ」と信じ込んだ情報もあります。過去の経験の中には「私はこう思ったけれど、間違っていたんだ」というような情報も入っているのです。

それは、「面白いと思わないといけない」というかたちで蓄積されて、あなた本来の独自の視点とは違う色を落としてしまうこともあります。そして、それがあなたの独自の視点であるかのように映る。思考も、そのように映し出されるようになる。過去から準備される思考とは、そのような影響を及ぼすこともあるのです。

だからといって、最初のフラットな状態の時に持っていた独自の感じ方がなくなることはなく残っていきます。こうやって、最初の本能的なあなたと、過去の経験が蓄積したあなたと、それらを統合させた本来の独自の視点を持つあなたの三つの側面が出来上がっていきます。

喉神は、自身に行動の選択権はないので、過去の経験からあなたの行動や思考を決定し、準備します。過去の経験の中に、あなたが「自分の考えは間違っていたんだ。正しいのはこうだ」と、本来のあなた自身とは違う視点が多く入っていた場合、あなたの本来望むこととは違う行動や思考が繰り返されるようになってしまいます。そんな時に、「私はこんなじゃない」という思いが出てきてしまって「苦しい」と感じるようになってしまうのです。

あなたとは別の視点が入ってしまっていることが悪いのではなくて、**別の視点に偏りすぎてしまってバランスが崩れてしまっているから苦しいと感じてしまうんです**。そのために「苦しいからイヤだ」と感じる人が出てきてしまうのですね。

だけど、人はこれだけではありません。

行動は顕在意識で制御ができます。喉神は行動を起こす前に顕在意識で認識できるように顕在意識上に情報を上げてきます。そして、喉神は過去の経験から決定している思考とは別に、それ以外の潜在意識にある情報も顕在意識で認識できるように情報を上げているのです。この仕組みがうまく回れば、望まない行動は変えることができるはずなのです。

ですが、それは通常の思考とは違うので、きちんと認識されなかったり、認識してもすぐにいつもの思考に流されて忘れられてしまったりするのです。

認識できないことが悪いことじゃないんです。そのまま生きていくことも、それでいい。だけど、それが自分を苦しめてしまうこともある。

喉神には決定権がありませんので、**ただ、あなたの選択通りにあなたの世界は動いていきます**。今が苦しい現実であっても、それを喉神がどうこうすることはできないのです。喉神はただ、何があってもあなたの味方で、あなたのことを想っている。泣いても笑っても、すべてはあなたの選択にかかっているというわけです。

喉神が上げてくる情報や、準備されている行動など、それぞれをすべてバランス良く認識して、最終決定権を持つ顕在意識で選択をしていくこと。それが、喉神とあなたのバランスをうまく取り、毎日がもっと楽しくなることへとつながっていくのです。

喉神と宇宙のつながり

ここで少し、喉神と宇宙とのつながりについてご紹介させてください。

「宇宙」という定義は、ここでは地球を含めた太陽系の星や人工衛星があったりする宇宙のこととは少し意味合いが違うものを指しています。ここでの宇宙の定義は、神羅万象……つまりありとあらゆるものや現象を表す、世界を形づくるすべてのものを指します。

喉神とは、もとはあなたの魂であり、あなたの身体に入って一つの命となり喉神になりました。**あなたも、喉神も魂も、すべてが宇宙の一部です。**

スピリチュアルなことに興味のある人は聞いたことがあるかもしれませんが、ハイヤーセルフという存在がいます。ハイヤーセルフとはそのまま日本語にすると「高次の自分」ということです。今、生きている次元とは違う高次元にいる存在。

高次元にいる存在という表現をすると、神様のように思いますが、私は少し違うと考えています。とはいえ、そもそも、神様というものは宗教などによりその認識が違いますよね。日本のように八百万の神と言ってすべてのものに神は宿っているという考え方もありますし、宇宙のすべてをつくったのが神だという考え方もあります。

私が人の喉に宿った魂を「喉神」と名づけたように、守ってくれている何かを神とすることもあるでしょうし、相手が人であっても「神様みたい」と感じることもあるので、そういった意味ではハイヤーセルフも神になるのかもしれませんね。

このように認識は個人それぞれではありますが、**私の認識ではハイヤーセルフとは自分自身でもあります。喉神が自分であるように、ハイヤーセルフも自分です。**正しくは自分自身がハイヤーセルフの一部であると解釈しています。

例えば、指人形をつけて遊ぶことを想像してみてください。親指にウサギさんをかぶせて、中指にくまさんをかぶせるとします。そうすると、親指はウサギさんで、中指はくまさん。それぞれ別のキャラクターです。親指と中指はそれぞれ別個のキャラクターになっているけれど、中身はあなたという一人の人ですよね？

これと同じようなことがハイヤーセルフとあなたの関係で起こっているんです。例えると、あなたはくまさんです。中指が喉神（魂）。そしておおもとのあなたがハイヤーセルフ。中指と親指であるくまさんとウサギさんは別のキャラクターだけど、中身のあなたは同じ人間です。**これと同じように、人とは別個の一人の存在であるけれども、目に見えない別次元の世界ではくっついていて同じ存在なんです。**そのおおもとの存在がハイヤーセルフというわけです。

よりハイヤーセルフに近い存在である魂は、喉神として一人の人になっていても、もとでは他の魂や人とつながっていて、通常ではわかるはずのないことがわかったり、偶然的に引き寄せあったりすることがある。そして喉神は、普通の人にはできないような特殊なことを起こす能力も持っています。

そういった能力が自然と働いて、不思議な現象を起こすことができたり、本来見えないはずのものを見ることがあったり、ありえないような現実を引き起こすこともあるんですね。**人の意思が宇宙や起こってくる出来事に影響を及ぼすことがあるのは、これらのことが原因で起こっている**と私は解釈しているのです。そのように世界を見てみると、なかなか面白いものです。

第2部

傷ついた過去の自分との付き合い方

過去の傷は癒してなくさないといけない悪者？

あなたは過去に傷ついたことがありますか？

今までにまったく傷ついた経験がない人はいないんじゃないかな？　私はそう思っています。もしかしたら傷ついたことを忘れてしまっているかもしれないけれど、きっと誰でも大なり小なり傷ついた経験がある。その傷の大きさは人によって違うし、たとえ同じことであっても感じ方は人それぞれで、まったく同じことを経験したとしても傷つく人もいれば傷つかない人もいる。

傷ついたり傷つかなかったり、人によって違う感じ方をするのは、人はみんな違う世界を生きているから、当然のことです。最初に持って生まれてきた感覚も違うし、それまでに経験してきて得たものの見方も違う。それらの経験もまた、新しく蓄積されて新しいあなたがどんどんできていきます。

「過去の傷を癒して」とか「傷をそのままにしていてはいけない」というようなことを耳にしたことはありませんか？　私は、よく聞くように思います。このことについて、疑問に感じたことがあるのです。傷ついた痛い部分を癒すのはいいのですが、ときどき、傷ついたことが悪いことのように表現されているのを見かけることがあるのです。**過去の傷。これって悪者なのでしょうか？**

確かに、大きな傷はトラウマになって何か行動の邪魔になり、悪影響を及ぼすことも多いでしょう。トラウマがあるせいで前に進めなくなることや、それがブロックになってうまくいかないこともあります。

私はこういった、一見ネガティブでしかないように感じることも、どう解釈するかで、それが悪者ではなくなると考えています。**魂や喉神という視点で見た時に、このような行動の邪魔になってしまうような傷も、一概に悪者だとは考えられないのです。**過去の傷による痛みは本当に悪者でしょうか？

過去の傷による痛み、それがあるからこそ、今のあなたがあります。その傷は足かせにもなったかもしれない。でも、あなたの人としての魅力を増すことにつながっていたり、また、生き方についてより考えるきっかけになっていたりするのではないかな？　そう思うのです。

あなたが「こんなもの、なかったらよかったのに」と思っているかもしれない心の傷。その傷が、もしもあなたにとって必要があって起こったことなのだとしたら、あなたはどう感じ、何を考えますか？

トラブルの原因？　過去の傷がある理由

これまで生きてきて、傷つくことがあなたにもあったことでしょう。とっても傷ついたこと、少し傷ついたこと。その時は気にならなかったはずなのに、あとからやっぱり傷ついたなって感じたりしたこと。それはきっと痛くて、うれしいとはとても言い難い出来事。忘れてしまいたいようなことかもしれませんね。

苦しい記憶は時に、今でもあなたを苦しめたり、何かをする時に足かせになっているかもしれません。その足かせになっている傷はなかったほうがよいのでしょうか?

なかったほうがよいと思うのは当然かもしれません。ですが、もしもそれがなかったら、あなたは今のあなたじゃなかったかも。同じ人なのに、別人のように違う人生を歩んでいたかもしれません。別の考え方を持って、別の選択をしていると、今とは全然違う人生になっているかもしれないですよね。

過去に起きたことはすべて、今のあなたになるために起こったことです。良いことも、悪いことも。

魂はあなたの中に入って喉神になります。喉神になったあとはあなたを守っていて、あなたが生きるためのサポートを続けます。ですが、**思い出してほしいのです。魂の時にはあなたがどのように生きるかをある程度決めているのだということを。**

人格や生き様、このように生きたらいい……など、それは使命だと言えば使命だし、運命だと言えば運命。あなたがどのように生きるかはあなたが選択できるのだけれど、もともと持っているものは変えられない。今のあなたになるために必要不可欠だった経験もあるのです。

必要不可欠だった経験の中には、良い経験も、悪い経験もどちらもあります。**厳密に言うと、悪い経験というものはなくて、すべてがあなたになるために必要な経験です。**その経験をすることで、優しさが生まれたり、力強さが生まれたりという、それまでよりもっとあなたらしさが出来上がっていきます。

何が言いたいのかというと、その傷があったからこそ、あなたは今のあなたになれた。あの時あなたを苦しめたかもしれないその痛みは、あなたになるために必要な傷だったんですね。その経験をしたことで、**あなたはもっと理想的なあなたに近づいたのです。**

喉神にとって、あなたが重ねる経験はよりあなたらしい深みが出る最高のもの。一見ネガティブに思えることも、ネガティブなことばかりではないんです。

いきなりですが、あなたはたまごかけご飯を食べますか？　私は、たまごかけご飯が好きです。が、私の中ではたまごかけご飯は「たまごかけご飯」ではなく、「たまごご飯」なのです。

え？　どう違うのかって？　私はたまごをご飯にかけるのではなく、卵にご飯を入れるからです。

先に卵を容器に割り入れて、お醤油、鰹節を入れて、かき混ぜてから、その容器にご飯を入れます。で、全体を混ぜてから食べます。そうやってつくるたまごご飯が好き。あなたはどんな風にして食べるたまごかけご飯が好きですか？　たまごかけご飯が苦手な人もいるかもしれませんが……。

たまごかけご飯を食べる人と仮定して、話を続けますね。たまごかけご飯は、人によったら卵をご飯の上に割ってお醤油をかける人もいるでしょう。別の容器に卵を割って、そこでお醤油と混ぜてからごはんにかける人もいるかもしれません。卵とご飯をきっちり混ぜないといけない人もいれば、かけてそんなに混ぜない人もいるでしょう。

たまごかけご飯を食べるという一見同じゴールでも、そのプロセスは人によって全然違います。だけど、それはその人その人にとって必要なプロセスでした。こういったプロセスはどれでもいいようで、実はどれでもいいわけではなくて、その人にとっては必要なプロセスです。

こういったプロセスって、たまごかけご飯だけの話じゃなくって、あらゆるものにあるんですね。何か大きなプロジェクトを動かすようなことでも、ほんの些細な日常の中の小さな出来事の中にでもある。

人生という大きな出来事の中で、**どのように生きるかにもこういった必要なプロセスはあって、それは一見ネガティブに思えることでも、それがないと始まらないような必要なプロセスだったりするのです。**

例えば、あなたはもしかしたら、少し機能不全な家庭に育ったかもしれません。子どものころに家庭の中で、自分が無条件に愛されていて、存在しているだけで価値のある人間だって実感することがあまりできなかったかもしれません。って、これは私のことなんですけどね。実際に愛がなかったというわけではなく、主観として実感できていたか、実感できなかったか、ということが大切なポイントです。あなたは小さなころから十分に愛されて、家庭で十分な愛を感じながら育ったかもしれませんが。

もしも、幼少期に「自分は愛される存在だ」と感じることがあまりできなかったとしても、それは、そのように経験することで必要だった他の何かを得ていると考えることができるんです。その痛みの経験が、結果的に人の痛みがわかる人へとあなたを育てたかもしれないし、とても怖がりだったから慎重に物事を進められるようになったかもしれない。その過去を乗り越えるために経験したことがないと、今のあなたになれなかったのかもしれないんですよね。

それら起こったことはすべて必然で、実は最初からあなた自身が選んできたことなん

です。生まれる前の魂だった時から、そのような環境で生きることが目的だったんです。その中で、何を感じ、どう生きていくかを決めるのはあなたであり、どのように感じてどのように意味づけていくかということで、よりあなたという一人の個性を持った人ができていくのです。

「あんな親でイヤだった」と思って生きることを選ぶのか、「この経験があったから、これができる」と思って生きるのかを選択できるのはあなた。どのようにとらえて何を選択するかで、これから先に見る未来が変わってくるのです。過去に起きた事実は変えられないけれど、とらえ方は変えることができるんです。といっても、たとえネガティブなとらえ方をしてしまったとしても、「こんな考え方をする自分が悪い」なんて考える必要はまったくないんですけどね。

「悲しみを感じる心」というものは、別の側面から見れば「優しさを生み出す心」であると私は認識しています。悲しみがあるから優しさがある。**人の深みとは生まれ持った性質だけでつくることはできず、経験をしていくことでより深まっていくものなのです。**

そうじゃなきゃ、経験なんて必要ないですよね。経験をするためにこの世に生まれてきているんですよ。経験をすることで人としての深みを出していけることが、実は喉神の喜びであり、すなわちそれが魂の喜びであると考えています。

ちなみに、過去に傷ついた出来事というものは、とらえ直すことができます。まったく同じ出来事を経験したとしても、傷つく人と、傷つかない人がいることと同じように。

例えば、少し機能不全な家庭で、自分が愛されていると幼児期に感じることができなかったとしても、**大人になってからでも、経験の中で本当はそこにあった愛情を見つけることができるのです**。愛情の表現の仕方と、受け取り方がうまくいっていなかっただけで、本当はそこに愛はあったと知ることができます。

だから、その時に傷ついて痛かったのは、優しさを生み出すことのできる心をもっと育てることができた、大切な経験の一つだったと言えると考えています。

過去の傷ごと愛する

生きていく中で、誰もが傷ついた経験がある。私はそう考えています。人はそれぞれ違う感覚を持っていて、違う価値観で、違う世界を生きているから、傷つく内容も違うし、その深さも人によって全然違うのだろうけれど。

これまで生きてきた中で負ってしまった傷は、時にあなたを苦しめることもある。あなたの邪魔をすることもあると思うんです。でもね、その傷、悪者じゃないんです。あなたのプラスの部分をもっと出すために必要だったもの。だからね、悪者扱いしないでほしいと思うのです。

ずっと痛みを感じている必要はないんだけれど、**その傷ついた過去もまるごと愛していけないいかなって**思っています。私自身も、思い出すと心が痛くなるような思い出や、イヤなことをたくさん経験してきました。だけどね、それを否定することは自分自身の一部を否定することと同じだということに気がついたのです。自分の過去の経験を否定することは、自分自身を否定することにつながってしまう。今、心に痛む傷があるかもしれない。だけど、この「傷もある」あなたこそが、そのまままるごとあなたなんです。

一部だけいらないんじゃない。それも含めて愛していくのがいいんです。

喉神は誰よりもあなたのことを愛しているんですよね。なぜならあなたを創造した主だから。そしてあなたの一部でもある。あなたがあなたの一部を悪者にすることは、あなた自身を悪者にしているのとほとんど同じになってしまうのです。一部だけが悪者ってないんですよね。全部まとめてあなたなんです。イヤな部分も、過去の傷も、あなた自身の思考も、潜在意識も、喉神も。すべて含めた状態であなた自身ということになるのです。

だから、一部だけを否定するということは、ある意味全部を否定してしまうことと同じなんです。喉神はあなたのことを愛しているのに、あなたは自分の一部を否定したり、嫌ったりしている。それだけで、あなた一人の中に矛盾ができてしまっているんです。

その矛盾がまた、自分の中での違和感となり、それがつらさを感じる原因となり、「うまくいかない」という行動のズレにもつながる。

あなたという人の中で起こる矛盾を少なくすることで、理由のわからない違和感や、本来必要のないはずだった苦しみを感じることなく、あなたの思うように現実を起こせるための助けになります。

苦しみや違和感などから「つらい」と感じる原因は、あなたの中に矛盾が生じているからなんです。

実際に、傷やイヤだったことを忌み嫌ったままでは、いくら傷を癒そうとしてもどこか癒されない気持ちが残るはずです。

だって、本当は最初から完璧な理想の人になるようにできているんですから。といっても、自分自身のことを愛することなく、ただ苦しんでいたとしても、喉神はそのままそれを受け入れているし、そのままのあなたを愛しているんですけどね。

そうやって苦しみを感じることがあなたの選ぶ生き方なら、その経験を深めていったらいいのです。それでも、自分を愛してもっともっと自分自身とうまくつながってバランスを取りたいと願うのならば、それを選んでもいい。何を良いと思って何を選ぶかは自由だから。**自由だと知って何を選ぶか、それが大切なこと**なんですよね。

「自分を責めてしまう」こともまるごと愛する

あなたはこれまで経験したことの中で、どんなことをよく思い出しますか？

生まれてから積み重ねられてきた、あなたがこれまでに経験した過去の出来事。潜在意識の過去の自分の中には物理的に起こったことだけではなく、**あなたがどう感じたか、**

どのように考えたか……ということも一緒に追加されていきます。

物理的・客観的な実際に起きたことよりも、あなたがどのように感じ、どのように考えたかということのほうが、実際に起こった出来事よりも強く記憶に残ります。あなたらしさをつくり上げていくためには、実際に起こった客観的な事実をただ機械的に記録するよりも、どのように感じたかという感情的な部分を記録しておくことのほうがより意味のあることだからです。そういった意味で、人の記憶とビデオなどのような機械で記録するものとは大きく異なりますよね。だから、**実際に起こったことを客観的に見てみると、自分が「こうだ」と受け取ったこととは全然違うこともある**。それだけ、物事を認識する時に自分らしさが影響してくるんです。人って面白いですよね。

そんな感じで、ものの受け取り方や感じ方に大きな影響を与えつつ、新しいこともどんどん増えていって変わっていく、「過去の自分」。この中には自分がどう感じたかということが、細かい内容まで入っています。どのような細かい内容かと言うと、最初に思ったことと違うことを他の人が言った時に「自分は間違えたのかな?」と思ったことや、間違えたと思った時に「自分はダメだな」とほんの少し責めてしまったようなことまでも記憶として積み重なっていきます。

例えば、「本当はかわいいと思ったけれど、お友達が変わってると言ったから、やっぱり変なのかもしれない」と思ったことはそのまま残っています。「私がかわいいって思うものって本当はかわいくないのかも」なんて不安に思ったら、その不安に思ったことまでも残ります。かわいいと思う気持ちと変と思う気持ち、それにまつわって考えたこと……それらがまとめて記憶されます。

この次に同じようなものを見た時に、過去の記憶から「変」が選択されるかもしれません。そのまま「変」が選択されると、過去の自分の中の記憶は「変」を選択することが強化されていきます。また、「私の選ぶものは変だ」という気持ちがそこにあれば、その気持ちも強化されていきます。こうやって、認識する内容が最初の印象から変わっていってしまうのです。

最初の感じ方と経験から変わっていった感じ方は、その感じ方が変わったせいでズレが出て苦しいというわけではなくて、ただ、変わったという認識があるだけです。それが違うから苦しいという思いが生まれるのではありません。そこに、自分を責める気持ちがあると苦しさを感じるようになります。

潜在意識の三つの側面のうち、生まれ持った部分と過去の経験から起こされる行動の部分が違う状態というのは、それだけで問題がありそうに感じるかもしれません。だって、本当に自分が思ったことではない考え方を選んでしまっているから。ですが、実はここに問題はありません。この二つは変わっていっても問題がないようになっているのですね。

潜在意識にはもう一つ、三つ目の側面、「今のあなた」がありましたよね。この部分は常に今のあなたに更新されていく部分です。この三つ目の側面でバランスが取れていれば、本来のあなたと過去から準備される行動が違うということだけでは問題にならないのです。

人は誰しも、生まれた時に理想的な最高の状態で生まれてきます。だけど、ずっとそのままでいることが必ずしもいいというわけではないんですね。実際に人として社会の中で生きていくうえで、身につける必要があることや、適応したほうがいいことがある。だから、最初に決められてはいるけれど、柔軟に対応できるようにもなっているのです。

変えることができる部分と変えることが難しい部分を持ち合わせていて、生まれ持った部分と経験とで今のあなたがどんどんつくられていくのです。だから、あなたが最初に思った感想と違う感想を選ぶようになることは、必ずしも「ズレが出て苦しい」という結果に結びつくわけではありません。どのような時に、ズレが出て苦しいということが起こってくるのかというと、過去の経験から起こしている行動（や思考）と、潜在意識の中にある今のあなたの側面が望んでいることが違う時です。

望んでいることと行動の違いがどのように違うのかという内容にもよりますが、**あなたが今、本当の意味で望んでいることと引き起こされる行動や思考がずれてしまっている時に苦しいと感じるようになります。**過去の経験から準備されて起こされる行動を、そのままコントロールせずに実行していると、その行動がさらに過去の経験に積み重ねられます。だから、次に行動を起こす時にもやはりその行動が選択されるようになっていくのです。今のあなたが感じ、望んでいることが流されてしまうことが続きます。それが続けば続くほどに、深みにはまってしまう。つらいと感じることに慣れてしまって、逆に「今、私はつらいんだ」と気がつきにくくなってしまうこともあるのです。それで積み重なった苦しい思いが、ある時いっぱいになってあふれ出すことがある。

あなたが「つらい、苦しい」と感じることの原因となってしまう、過去と現在の潜在意識の中のズレ。この過去の経験から起こされる行動や思考と、潜在意識の今のあなたの部分のズレの中でも、最も苦しい思いをためてしまいやすいのが、**自分を否定して責める気持ち**です。

多くの場合、現在の潜在意識は自分を責め続けることなど望んでいませんが、**過去の経験は責め続けることがくせになってしまっていることがある**んですね。先に紹介した例で言うと、「自分はかわいいと思ったけど、友達は変って言った」→「やっぱり変だったのかもしれない」と思うだけで終われば、つらさはさほど生まれません。ここに、「変なヤツをかわいいって思うなんて、私はダメだ」というジャッジが入ってくると変わってきます。「自分の評価はダメだ」と感じたことが過去の経験の中に記憶されます。この感じたことが強ければ、次に別のことで間違えた時に「私はまた間違えた。私はダメだ」と思ってしまいます。**このように否定してしまう思考は、それまでの過去の積み重ねからつくられている思考です。**

最初に否定するジャッジが生まれた時は、その時の「今のあなた」がそう思ったのです。それで自分でショックを受けた。そのショックが大きくて強く印象に残ってしまった。ここから、その強く印象に残ったことが選択されやすくなっていくのです。そして、自分を責めてしまうことが標準化されていきます。それが悪いことではないのだけれど、自分を責めてしまうことは「苦しい、つらい」と感じる一番の大きな原因となります。人は自分で自分を責める時、一番傷ついて心が弱くなるのです。

ここで思い出していただきたいことがあります。**あなたの喉神はあなたの一部で、あなたの潜在意識を取りまとめているような存在でもあります。**あなたのことを守っているし、あなたがあなたらしく生きる助けをしていて、常にあなたのことを想っている存在です。**顕在意識と潜在意識の橋渡し役でもあるのが喉神です。喉神はあなたの一部であって、誰よりもあなたのことを大切に思いあなたのことを愛している存在です。**

あなたが自分のことを責めて、「私はダメだ」と思い、「つらい、苦しい」と思って自分のことが嫌いになっている時でも、喉神があなたのことを想い、愛しています。この時、**実は大きな矛盾があなたの中で起こっている**ことに気がついたでしょうか？

あなたの創造主で、あなたの一部である喉神があなたのことを想っているのに対して、あなたは自分を責めて、嫌いだと思っているのです。このようにあなたの中で大きな矛盾が起こっている時には、当然、苦しさを感じます。本当のあなた自身は、自分のことが好きで、とても愛しているからです。**自分のことが「嫌いだ」と思っている心の奥底の本音は、自分のことを愛しているし、愛していたいと思っている。**本当は、自分自身は唯一無二の存在で、自分自身こそが一番の理想の姿だから。

潜在意識の奥深くには、本当は自分のことが好きだし、好きでいたいと思っている、やりたかったこと、生きる希望などの情報が残っているんです。それが自分の中に残っていることをどこかで知っているんです。顕在意識で認識できていないだけで。だからこそ、苦しいと感じるし、理由ははっきりとはわからないけれど物足りないような気持ちになる。何かが足りてないような気持ちが湧き上がってくるんですね。そんな、何かが足りてないような気持ちが自分の中にあることがわかるから、また自分のことを責めてしまうんですね。そのままではいつまでたっても満たされない気分のままになってしまうのです。

それではどうしたらいいのか。それこそが、もっと過去の自分とうまく付き合って生きていくということなのです。

過去の自分とうまく付き合って生きていく方法というのは、簡単なようで難しいことです。頭で理解できても、なかなかうまく実行できません。なぜならそれが強く記憶されてしまっているから。**過去の自分とうまく付き合っていくうえで一番大切なことは、どんな自分にもOKを出して認めてしまうことです。**嫌いな自分を好きになる……という極端なことをするのです。

嫌いだと思っている状態で、いきなり好きになるなんていうことは難しいので、とにかくOKって許してしまいます。「ダメだ」って思ってしまうことをやめようとすると、それがうまくできなかった時に「やっぱりダメだ」とか、「また責めてしまった」とさらに自分を責めてしまう悪循環に陥ってしまいます。だから、「ダメだ」って思ったこと自体を肯定的にとらえることから始めるといい、というのが私の考えです。

ちょっと極端なんですが、「またやってしまった……」と思うことがあれば、「こんな風に失敗しちゃう私、なんてかわいいヤツなんだろう」と思って、テヘペロってするイメージがいいと思います。堂々と他の人の前でこれを言っちゃうと、ちょっとイタイ人扱いされるかもしれないですが、わざわざ人に言う必要はないので。心の中でこっそりそう言ってみてください。

そうやって、**自分が考えたり思ったりしたことを認めていくことが、過去の自分とうまく付き合うことにつながっていきます**。行動や思考は過去の経験からパターン化されたものが引き起こされますが、それは新しいことも常に積み重なって増えていきます。「またダメだ!!」って思っても、そのあとで「な〜んて、責めちゃうのが私の良いところ!」と思ったら、ただ責めてしまったことだけでなく「私の良いところ」と肯定したことも経験として積み重なっていきます。そうすると、過去の積み重ねに肯定したという、新しい見方が加わりますね。このように考え直したりとらえ直すことを、顕在意識で意図的にコントロールできるようにします。

最初は意識しないとできませんよ。意識しなければ、自動的に肯定的なとらえ方をすることなく行動や思考が進んでいきますから。だけど、意識してコントロールすることを続けていくうちに、パターン化されて準備された思考や行動の中に、肯定することが入ってきて、当たり前に肯定できるように変わっていくのです。

私自身、もともと自分のことをすごく否定的にとらえてしまう人間なので「またダメだ……」とよく思っていたのです。だから、「自己肯定感が低い私はダメだ」と思っていたんですよね。自己肯定感をなんとか高めないといけないと思っていたので、自己肯定感が低い自分を責めてばかりいました。

でも、そうすることがダメだったんですよね。自己肯定感を高くしようと思うことで、かえって自分を責めていたんです。**自己肯定感を高めようとすることをやめて、「ダメな自分にも価値がある」ということを意識的に考えるようにしてから、ずいぶんいろんなことが変わりました。**今でも、ついつい自分を責めてしまうことがあると、「こんな風に自分のこと責めちゃう私、なんて一生懸命なかわいいヤツなんだろう」って考えたりしています。**自分を責めてしまうことは、それだけ一生懸命考えているってこと**だから、そんな自分を褒めてあげていいんだと気がつくだけでも、ずいぶんと心の中が軽くなるものなんだって、身をもって体験しています。

すべてがこの人生を生きるために必要な経験

とてもつらくて傷ついた過去の出来事も、とても幸せだった出来事も、すべては今のあなたになるために必要だった出来事です。**あなたがあなたらしくなればなるほど、喉神にとっては最良の状態になります。**起こった出来事がどんなものであっても、一番良いかたちにつながっています。すべてはあなた自身を生きることにつながっていて、それは喉神が、あなたを生み出して、あなたになるもっと前の魂だったころに望んできたものだから。

ではなぜ、あなたは魂だったころ、この人生を望んで、このように生まれてきたのかと疑問に思いませんか？

その答えは、魂がなぜ人間としてこの世に生まれるのかという疑問とよく似ています。魂はなぜ、人間としてこの世に生まれるのか。それは、シルバーバーチの言葉にヒントが隠されています。それは、**魂は成長するために人としてこの世に生まれる**というものです。人の人生を通して得た経験を蓄積させていくことは、魂が何かのかたちで成長していくのだと考えられます。

「この世は魂が成長する修行の場所だ」という表現を第1部でご紹介したことを覚えているでしょうか？　人がこの世に生まれてくるのは、魂が成長するためで、この世界は修行の場所だという意見です。これは、ある意味正解で、ある意味間違いだと思っています。というのは、この表現だと受け取る側のニュアンスが違ってしまうのかなと思っているから。「成長するための修行」と聞くと、おそらく多くの人が苦しい体験や、厳しい訓練を連想するでしょ？　そこが本来の目的とは違う、間違った認識を生み出してしまっているポイントだと思うのです。

先にも述べた通り、生まれてくる目的は必ずしも苦しいことを乗り越えて大偉業を遂げるなどということだけではないんですね。もちろん何か大偉業を成し遂げたりするのは素晴らしいこと。新しい発見をして、いろんな人が助かったり、世の中がすごく便利になったりするのはとても素晴らしいことです。**だからといって、生まれてきた目的がみんなそのような大偉業を成し遂げることではないんですよ。**

素晴らしい大偉業を達成することだけが目的というのでは、体験すべきことが固定化されすぎてしまいますよね。必要なのはそうじゃないんです。さまざまな体験をすることで経験を重ねられるんです。**この世に生まれてくることでしか体験できないこと、そのすべてが魂にとって必要な経験となって、すべてが魂の成長につながっていくのです。**生きていることでできるさまざまな体験は、それがたとえ悪いことであっても良いことであっても、ものすごくくだらないような日常的なことであっても、どれもがすべてこの世に生まれることでしかできないんです。生まれてくることでしか体験できないから、この世に生まれて、経験をするんですよ。つまりですね、「怠惰な人生はダメだ」というようなものは人間界における価値観の一つでしかない。それでは成長にならないというジャッジをしているのは人間なんです。この世に生きるものがそのようにジャッジをしているだけであって、魂が成長するかしないかということとは関係ないんですね。

例えば、すごく困っている誰かを助けるという人から称賛されるような行動は、助けられる人がいて、助けなければならないような問題が発生しなければ存在しないことなんですよね。人は、その素晴らしい行動をした人だけを「素晴らしい」と褒めたくなるけれど、それはその人だけじゃなく、そのもとになった原因があったから素晴らしい行動が起こった。問題となる原因が起こったのはその時の偶然だけではなく、それまで過去に起きてきたいろんなものが重なり合って起こっている。そのすべてが、必要があったから起きた出来事なんです。

「バタフライエフェクト」という言葉があります。「ほんの少しの変化が大きな変化を起こす」という意味の言葉なのですが、本当に、すべてにおいてこれが当てはまると言えます。今日、あなたがしたあくびが、なにがしかの影響で巡り巡って世界を救うような大きなことにつながっていく可能性だってある。「そんな可能性はありえない！　まったくのゼロだ！」なんて証明できないのですから。

少し話がそれましたが、**すべての起こった出来事や誰かがとった行動にムダなものなどなく、すべてが密接に絡み合っていて世界は回っています**。そして、その一瞬一瞬のすべてが必要な経験としてあなたの中に積み重ねられていくのです。**その経験すべてが魂の成長のもととなっていくのです。**

それらの経験を積み重ねることは、この世に生まれて一人の人として生きることでしかできない。**この経験を重ねるために、今のあなたの人生は必要だったんです。**このために生まれてきた。それが一番。

喉神とのつながりを深めるために必要なこと

あなたがどう生きるかをサポートしてくれている喉神。ですが、そのサポートもバランスが崩れた状態では、あなた自身にとっては生きることが苦しく感じるようになってしまうこともあります。バランスが崩れて「苦しい」と感じることも、魂が経験として積み重ねるのにはまったく問題がないこと。それでも今を生きる私たちにとっては「苦しいと感じることをできるだけなくしたい」と思うのです。

やっぱり幸せを感じながら、満たされた気持ちで毎日を過ごしたい。そう思うことってとても普通のことです。だって、もともと私たちは、自分のことが大好きなんですもの。自分のことが大好きだから、幸せにしたい。私たちの持つ、一番核の部分である喉神が誰よりも自分のことを愛している存在だから、どの人だって自分のことが好きで愛しているんです。なので、**喉神とのつながりを深めてバランスを取れるようにしていくことで、満たされた毎日に変えていくことができます**。

それでは喉神とのつながりを深めてバランスを取っていくためには、どのようにすればいいのでしょうか？

つながりを深めるために一番必要なことは、**あなたがあなた自身の感覚を信じること**。どんな些細なこともすべて信じるのです。そのためにはまず、**何を思っても自分の思ったことを認めることから始めます**。「こんなんじゃダメだ」と思ったとしても、そのように思ったことを認めるのです。

「認める」とは「そうだと判断する」という意味があるのですが、そのとらえ方よりも、**もっと緩やかに受け止めるイメージ**です。判断するというよりも、ただそのことを見つめて、そのまま包み込むように受け入れる。許すようなイメージです。ただ、見つめるように。

判断や判決というような、いわゆるジャッジメントをすることは、この場合はできるだけしないほうがいいのです。物事に良いか悪いか、あるいは優劣をつけるということは、喉神とのつながりを深めるためには邪魔になります。邪魔になる理由は、人が生きている社会での判断基準は喉神には関係がないからです。

起こるすべてのこと、あなたが考えるすべてのことを喉神は受け止めて大切に思い、あなたのことを愛しているわけです。そこには「良い」とか「悪い」とか、「こうすることが優れている」というようなジャッジは存在しないのです。あえて言うならば、すべてが良いのです。

うちの子はYouTubeが好きで、すごくよく観ています。好きなユーチューバーがいるのですが、そのユーチューバーがやることだったらとにかくなんでも好き。私がちょっと文句を言ったものなら、「そんなこと言わんといて〜」と言います。私が文句を言ってしまうような部分も含めて好きなんですね。

あなたも同じように、こんなところも全部好きだなって思う人っていませんか？　いわゆる、その人のファンっていうことになるのでしょう。スポーツ選手とか、芸能人とか……。周囲がものすごく批判していても、あなたはそんなこと気にならなくて、そういう部分も含めて大好きっていう人。そのあなたが好きだと思っている人が、「自分はダメだ～」って思っていたとしても、きっとあなたは「そんなことないよ～」「私は好き！」って思っているはず。それと同じような感じで、それよりももっと深い愛情をあなたに向けているのがあなたの喉神です。

あなたが「ダメだ」と思っていること自体も喉神は愛しているんですよね。そんな喉神の愛を考えれば、あなたが「こんなんじゃダメだ」と思って、「もっとこうならないと！」と自分を責め立ててしまうことよりも、「ああ、私は今、ダメだって思っているな」と**ただ受け止めるだけのほうが喉神の感覚に近い**ことが想像できるのではないでしょうか？

ダメだと責め立てることよりも、「ああ、そう思うよね」って受け止めてしまうほうがなんだか安心できる。あなた自身も安心できるし、喉神が本来感じているはずの感覚にも近づく。「ダメだから、もっとこうならないと!!」と思ってしまうこともあると思うんですよ。それでも、だからといって自分を責め立てるのではなく、そのように感じたこと、そのように感じているあなた自身のことをただ温かく包み込む。感じたことをただそのまま受け入れて愛するような感覚でいるのがいいんです。

ただ認め、許す。起こった出来事に対してどのように感じても、どのように考えても、ただ、今の思いや感情を包み込むように受け入れる。そうすることが喉神とのつながりを深めていくうえで一番大切にするべきステップなんです。「もっと！　もっと！」と自分を責め立てている状態は、心が乱れているだけでなく、喉神が向いている方向と違う方向を向いてしまっていますよね。

どのように感じたかということを認め始めると、次はあなた自身がどのように感じるのかという、自分自身の感覚を信じる段階に移っていきます。

自分の感覚を信じるというのは、できているようでなかなかできていないことです。自分自身は「Aが良い」と思ったはずなのに、他の人が「Bが良い」と言っているのを聞くと、Bが良いのかなって思ってしまったりするのはよくあること。このことについては「Bが良い」に変わってもいいのですが、「私はAが良いと最初に思ったけれど、あの人はBが良いと思っている」という認識の仕方をします。

先にも説明した通り、他の人は自分とは違う感覚器を持っていて、違う認識をしているのですから、違っていて当然です。違う認識の仕方をしているということは、別の視点で見ているということですから、あなたも別の視点からの見方を知ったらそっちが良いと思うかもしれない。逆に、別の視点を知っても、あなたの感覚ではやっぱりAが良いと感じるかもしれない。どちらが正しいという正解は存在しないのです。結局はあなたの感覚を信じるのが一番なんですね。

あなたが持っている感覚は、もともとあなたのためにそのように感じるようにつくられて生まれてきているのですから、**結局はあなたがどう感じるかという、あなた自身の感覚を信じてそれを選択することが、あなたにとって最良の選択だということになるのです。**

あなたが自分の感覚を信じることは、喉神が魂だったころに用意していた感覚を信じ

ることとなります。そうすることで、喉神とあなたのつながりが深まることとなっていき、感覚を信じることが過去の経験で引き起こされる思考以外の潜在意識から上がってくる望みを認識しやすくなるように変わっていきます。

三つの潜在意識が「YES」の時、思ったことが現実になる

あなたは、自分の思った通りに願いが叶ったら素晴らしいって、考えたことがありますか?

毎日の生活の中で起きている現実のほとんどが、自分がどんな行動をしたかということがきっかけで起こってきます。服を着たから洗濯物があるとか、買い物に行って服を買ったから新しい服が手に入ったとか。自分が行動を起こしたから、今、この現実が起

こっています。

だけど不思議なもので、行動とは関係なく起こってくることも意外にたくさんあって、その中にはなぜか、考えたことが現実として起こることがあります。そして、その中には、自分の望んだことが自然と起こって、望みが叶えられることがあります。一般的に多くの人が**「引き寄せ」**と言っている現象です。

この引き寄せというのは思いや願いが叶うことなのですが、実際の引き寄せにはもう少し深い意味があって、その人個人が信じていることが現実として起こるということなので、もっと普遍的な日常すべてを引き寄せととらえることができると私は考えています。

引き寄せについて知りたいと望み、引き寄せを起こしたいと考えている人は、だいたいみんな、自分の望みが不思議と現実化されることが起こってほしいと思っているのではないかなあと感じるのですが、あなたはどうですか？　自分の望みや願いがスイスイ現実化したら、それはもちろんみんなうれしいし、そうなってほしいですよね。でも、なかなかうまく自分の願いが叶えられない人が多くて、「引き寄せがうまくいかない」と考えています。「引き寄せなんて起こらないんだ」そう考えている人もいるかもしれません。

ふと思ったことが現実に起こったり、「あれ欲しいな」と思ったら手に入ったりといったことは、嘘のようで実際にありえることです。「そんなこと起こったことない!!」と思う人もいるかもしれませんが、誰にでも起こりうることです。ただし、ただ考えれば起こるというわけではありません。強く念じれば起こるというわけでもなく、日常的にイメージングすれば起こるわけでもありません。私の認識では、**思ったことが現実に起こるのは、潜在意識の三つの側面すべてで認識が一致した時です**。

自分が特に行動を起こしていなくても、「こうしたいなあ」と思った時にうまく情報が入ってきたり、「欲しいな」と思うものをいただくことができたり……。こういったことがより自然に起こるのは、潜在意識の三つの側面すべてで同じように考えられていて、潜在意識のバランスが取れている時です。よく、「願望を叶えるには潜在意識で認識させて……」と言われて、アファメーションなどが存在しているのも、そのため。「うまくいかない」とか、「できない」と言っている人は、**その願望を過去の経験からつくられた思考の部分だけで考えている場合がほとんど**だと思います。

三つの潜在意識がすべて「YES」となった時、一番物事がスムーズに動きます。生活の中で起こってくるいろいろな出来事は、物理的に見てわかるような行動の部分だけが影響しているのではなく、目に見えない力も大きく影響しています。三つの潜在意識が「YES」となった時、最も影響力が大きくなってそれが引き起こされるようになるのです。なので、思ったことがどんどん現実化していくという人は三つの潜在意識のバランスが取れていて、自分が望んでいると認識していることと、本当に望んでいることが一致している人です。

自分が望んでいると思っていることが、実は自分の本当の望みとずれてしまっていると、その願いはいくら望んでも叶いません。自分の中の三つの潜在意識のバランスが崩れていると、本当に自分が望んでいることとは違うことを望んでしまうということが起こります。

バランスが崩れる原因は、過去の自分の部分に比重が行き過ぎるため。自分がこれまで生きてきた中で、どんな選択をしたかということでできている過去の自分の部分。行動や思考はここで決められ準備されて、意識しなければそれを実行し、そのパターンが強化されていきます。といっても、新しいこともずっと記憶されていくので少しずつ変わっていきます。ですが、ここで決められたままで進んでいると、今の自分の潜在意識が望んでいることと、過去の経験からの潜在意識とがずれてしまうのです。このズレの存在が、「つらい」とか「思い通りにならない」ということの原因になっているんでしたよね。過去の経験からつくられた思考だけで願っていることは、他の潜在意識では「YES」となってないので流れに乗るように引き起こされにくいのです。

「願ったことが現実に起こらない」と思う人は、今、**あなたの中で「過去の経験によってつくり出されている思考に自分が偏ってしまっているみたいだな」ということにまず気がつくことが、願ったことを現実に起こすための第一歩**と言うことができます。あなたが「願いが叶わない」と思っているその願いは、過去の経験からつくり出されている思考によって考えている願いである可能性があるのです。もちろん、絶対にそうだと言い切ることはできませんけどね。

その願いは、今まであなたが考えることが多かった傾向のある思考内容の中から、「これを願っている」と考えているかもしれないということ。**実際に望むことはこれまで積み重ねてきた思考の中にあるものとは別である可能性があります。**実は本当に望むことは別にあって、その望むことが潜在意識から信号として送られていることに気がつけていないのかもしれません。

今あなたが「これが願いだ」と思って考えていることが過去の経験からつくり出されている思考であったとしても、それを責める必要はまったくありません。先にも述べた通り、**ただそのことを受け止めるだけでいいのです**。もっと強く願ってみるということをやってみてもいいですが、それをするよりも、自分の感覚を信じることで潜在意識からの情報に気がついて認識できるようにしていくことのほうが、ずっと幸福感を感じるようになれると思います。

潜在意識からの情報を受け取るには、ただ今の自分を（間違っているかもしれないと

いうことも含めて）認めて受け入れることから始めて、それができるようになったら、感覚を信じるようにしていけばいいのです。そうするうちに、徐々に過去の潜在意識以外の、生まれ持った潜在意識や、今のあなたである潜在意識からの情報が少しずつ認識できるように変わっていきます。そうすることで最終決定権のある顕在意識をより有効に使って行動を決めていくことができますし、情報が受け取れるようになってくると自然と願いが叶う経験もするようになっていきます。

傷ついた過去をまるごと受け入れた時、世界が好転し始める

あなたがこれまで生きてきて経験してきた過去の記憶をもとに、あなたが生活する中での普段の行動や思考は準備されていきます。準備されてきたものは最終決定をする機関である顕在意識で、「自分がこうしようと思った」というかたちで認識されます。認

識したあとにそれを止めなければ、そのままその行動が起こされます。行動の最終決定をする機関である顕在意識には、どの行動を選択するのかを決定できるように、それぞれの潜在意識からの情報が上がってきています。それらを確認したうえで、準備されてきた行動を変えるのか、そのまま実行するのかを選ぶことができるのです。

ここで選ばれた行動や思考が、潜在意識から発信される情報や、本来持っている望みと大きくずれた場合に、人は苦しくなるのです。なので、**どれだけ潜在意識からの情報をキャッチできているかということが、自分の願いを叶えるうえで、とても重要なポイントになります**。

自身のとる行動面でも、頭の中で考える思考面でも、自然と引き起こされてくる流れのうえでも大切なことは、**「過去から準備される行動や思考とそれ以外の潜在意識から上がってくる情報ができるだけ一致していること」。もしくは、「ずれてしまっていた場合にずれていることに気がついて変更できること」**です。

それができてもできなくても、喉神はあなたのことを変わらず想っていますが、それができているかできていないかで、あなたの人生の感じ方がまったく違ってくるということです。過去から準備される行動と、三つそれぞれの潜在意識から上がってくる情報のバランスが取れていることで、自然と豊かな気持ちになれることが増え、願ったことが叶いやすくなっていくのです。

ここまでご紹介すると、やはりまた、過去の経験から準備されている行動がずれていることが悪いような気がしてきて、過去の経験から起こってくる行動や思考を責めたくなってしまうかもしれません。ですが、そうなってしまうことには要注意です。なぜなら、そのように自分を責めてしまうことは逆効果になってしまうからです。

自分を否定するということは、本来できるはずのことをできなくしてしまうという影響を生み出します。自分がダメだと思うことで、それを「自分を変えるエネルギー」にして行動を爆発的に変化させていくことが得意な人もいるかもしれませんが、どちらかというと、否定することは能力を委縮させてしまって本来持っているはずの力が発揮できなくなります。エネルギーに変えるためには否定するのではなく「自分はできる」と信じること。自分がダメだと思ってしまったことも、傷ついた過去も、願いが叶わない現実も、いろんなことを肯定的にとらえられるほうがいいのです。

しかも、実際に起こった出来事は今のあなたになるために必要だったこと。なので、**本当はすべて結果的に肯定的に結びついていること**なのです。だから、傷ついた過去も、今の思考や行動が願い通りにいっていないと感じていることも、すべてを許して受け入れます。何か他のものになろうとするのではなく、今の、そのままのあなたを許して受け入れていくのです。そうすると、過去の傷が原因で起こってきていたトラブルが減っていきます。

過去の傷を責めることやイヤだと思うことを続ければ続けるほど、そう考えることが思考や行動としてパターン化して定着していきますよね？　**許し受け入れることで、責め続けるループを断ち切ることができます。**すると、自分の感覚を信じ、自分に集中することで潜在意識から上がってくる情報を受け取る余裕が生まれてきます。

自分を許して受け入れ信じることとは、喉神があなたに対して持っている感情と似た感覚になりますので、より潜在意識からの情報を認識しやすくなります。そうなってくると、ますます自分の傷ついた過去が気にならなくなっていき、傷ついた過去が原因で起こってくるトラブルがずっと減っていきます。最終決定をする機関である顕在意識が行動を変えることも容易になり、結果的にいろんなことが好転していくようになるのです。

先にも述べた通り、願いが叶うのは三つの潜在意識が「ＹＥＳ」である時です。三つの潜在意識のバランスが取れて、過去から準備される思考と行動が三つの潜在意識と同じようになってきた時に、願いも叶いやすくなります。**その第一歩として、大きく傷ついた過去もうれしかったことも、あなたをつくるそのすべてを受け入れることが必要になるのです。**

何度も言ってきているように、自分を受け入れることをせずに「イヤだイヤだ」と思っている人生でも喉神は怒ったりすることなく、一筋にあなたの味方です。どうするかを決めるのはあなたなので、自分を責めていて苦しんでいるからといって、喉神があなたの人生を好転させたりすることもありません。喉神は常にあなたの選ぶことを支持し、見守っています。あなたにとっての最善が起こるように、あなたの選ぶ通りに進んでいくのです。

もしもあなたが、「あなたの選ぶ通りに進んでいく」という言葉を読んで、「私は悪いままだ～」と思ったのならば、あなたの思考がこれまでそう考えてきているということです。なぜそう考えてきたかは、あなたの過去にすべて情報が入っています。それを受け入れ始めた時に、少しずつ変わり始めるのです。「悪いまま」がイヤだと感じたなら、「悪いまま」と考えたのは準備された思考で、イヤだと感じたのは別の部分ですね。それなら、どう考えていくことがいいと思いますか？

この模範解答は、「悪いままっていう考えってイヤだって思ったな。今まで、悪いって考えてたことが多かったんだな」と受け入れることです。そのように考えてきたことを責めるわけではなく、「そう考えてきたから魅力が生まれてきたんだ」と考えること。**すべてはプラスになるために起こってきたことだと意図的にとらえ直すことで、準備された思考を変更することができます。**ここで、あなたが「今まで悪いって考えてきたことで、自分の魅力をつくってきた」と考えたことが新しい過去として加わったのです。このように新しく書き加えられることが積み重ねられ、これから準備されていく思考や行動が変化していくのです。

第3部

喉神とうまくいくための受け入れメソッド

望みを叶えるバランスのために必要なこと

あなたが今、生活している中で「自分の思い通りにいかず、苦しい」と感じていて、「この苦しみから抜け出して毎日が満たされるようにしたい」「自分の願いが叶えられるようになりたい」と望むのであれば、喉神とうまくいくようにすることが望みを叶えることにつながります。

喉神は、三つの潜在意識とあなたの行動や魂の思いをつかさどり、あなたを守っている存在です。**「喉神とうまくいく」というのは三つの潜在意識とあなたのバランスがうまく取れている状態のことです。**バランスが崩れてしまっていても、うまくいっていないわけではないのですが、体感として、「つらい、苦しい」と感じたり「うまくいかない」と感じたりすることが、長期的に継続して感じている状態です。

ここからは、どのようにして三つの潜在意識のバランスを取るようにしていくかについて話をしていきますが、一つだけ絶対に忘れてはいけないことがあります。それは、今、自分が感じていることや、これまで自分が経験してきたことを責めないということ。前の章でも説明してきた通り、**これまでの経験も、今のあなたが感じていることも、責めることを続けるのはバランスを取ることの逆効果になってしまいます。**

では、責めてしまった時はどうすればよいのか覚えていますか？　責めてしまったことをそのまま受け入れるんですよね。「今、自分のことを責めたな」って、そのまま受け入れる。**責めたことを責めるのをやめるんです。**自分のことを責めるっていうことは、それだけ自分に一生懸命向き合っているという証拠でもあります。なので、**それだけ一生懸命考えているんだなっていうことを認めて、あなた自身を褒めてあげてください。**「こんなに一生懸命で、なんてまじめに向き合っているんだろう」ってね。そうして認めていくことがまず、一番大切な土台です。その土台をしっかりと準備しながら取り組んでみてください。

自分と他者の感じ方の違いを明確に分けて考える

あなたは、あなた自身が感じたことを大切にできているでしょうか？

自分自身の感覚を信じることはとても大切なことです。その出来事が起こった瞬間にどのように感じたかというのは、三つの潜在意識のうちの今のあなたが感じている部分であることが一番大きいのです。感じたその瞬間は今のあなたの潜在意識の感覚で、そのあと、これまでの経験から準備される思考が働き出すことが多いのです。思考が働き出すと、やはりあとから思考で感じたもののほうが良いと思ったり、他の人からの意見を聞いたら、他の人の意見のほうが良いと思えたりします。あとから良いと思ったものを選ぶことが悪いわけではありません。あとから聞いた意見でどちらが良いかわからなくなってもいいですし変わってもいいのですが、**最初に感じたことも大切にしてくださ**

い。

他の人の意見を聞いた時に、本当はあなた自身はそのように思わなかったのに、他の人の意見が良いと思い込もうとして自分を曲げてしまうようなことはしないでほしいと思います。他の人の意見が良いと思い込もうとはしない。思い込もうとするわけではなく、純粋にそっちが良いと思うのならば、そのままでいいのですけれどね。

とはいえ、「やっぱり誰かに合わせたい」と思うこともあるかもしれません。例えば、自分の好きな人が「好き」と言ったものは「好きになりたい」って思うこともありますよね。だから、「本当はこっちが良いと思っているけれど、あの人がこっちのほうが良いと言うから、私もそう思うようになりたい！」と自分の本音を曲げようとすることもあるかもしれません。それはそれでいいのです。あなたがそう思うのならば、それがあなただから。だけど、「私はやっぱりこっちが好きだな」って思ったら、そっちの感覚を大切にしてください。だって、人は違う世界を見ているんだから。

ふと、空を見上げて思うのです。「ああ、この吸い込まれるような青い空も、他の人から見たら、まったく同じには見えていないんだなあ……」と。

人の視覚ってとても不思議で、瞳に映る景色は私たちが脳で認識しているものとは全然違うものなんだそうです。このことについても、ベンジャミン・リベットがその著書『マインド・タイム』で言及しています。視覚でとらえたものは本当はまったく違うかたちに見えているはずなのに、脳で認識する時に再構成されて、私たちが見えていると思っているかたちになっているんです。視覚でとらえているもともとのかたちと、脳で再構成されるかたちだけでも変わっているというのに、どのようにして別々の人と人が視覚でとらえた物をまったく同じに認識できていると言えるのでしょう？　違うと考えるほうが自然ですよね。その証拠に、物を見ただけでその長さがわかるような人もいれば、まったくわからないという人もいます。これは、同じに見えていないと考えれば納得のいくことですよね。

人によって同じように見えていないし同じように感じていないととらえることは、優しい世界にもつながると私は考えています。先に長さがわかる人とわからない人の話をしました。この場合、長さがわかるかわからないかということを「理解できているか」「理解できていないか」というとらえ方をすると、理解できることがすごいことで、理解できないことが悪いことのように感じませんか？　でも、「違うように見えている」というとらえ方をすると、「見えていないものを理解しろと言うほうがおかしい」というような解釈ができます。

「見えていないものを理解しろ」と言うのは、身長が高くない人に、「高くて手の届かない位置にあるものを、台に上ったりせずに取れ」と言っているくらい不自然なことなのです。世の中にはこれと同じように、不自然な、できるわけがないことを「できないのがおかしい」と言うように責めることが多くあります。特に、目で見てその違いがすぐに理解できない場合において、不自然な無理難題なのに、できないことを責められている。だけど、**他の人がなんと言おうと、自分自身だけは、不自然な無理難題はできなくて当たり前だと、堂々としていればいいんです。**

さて、無理難題とまではいかなくても、小さな感覚の違いはたくさんあります。どのように感じたかという感覚が違うので、価値観の違いもたくさんあります。大きな違いも、小さな違いも、すべてがその人にとってはピッタリの感覚です。

意見を発している人にとってはそれが正しいことでも、あなたにとって違っていれば、あなたはあなたが「こうだ」と思うほうを信じればいいのです。違う意見を言っている人が間違っているわけではなく、その人の中ではそれが正しい。だけど、あなたにとってはあなたの思うことが正しい。

自分と他者を明確に分けて、同じである必要はないということを常に頭に置いておくことがとても大切です。どちらかがどちらかに合わせる必要はなく、あなたはあなたが正しいと思うことを信じる。**この考え方はあなた自身を尊重することにもなるし、他者を尊重することにもなります。**

自分のことも相手のことも尊重できる考え方が、実は三つの潜在意識のバランスも取れる考え方だということです。考え方が合わないと感じる人が合わない考えを強要してくる時には、その人とは適度な距離をとることで、あなたはあなたの信じることを信じていればいいのです。

あなたが信じることを信じるというのは、「絶対的に自分の意見を通す」という意味ではなくて、他の人の意見や視点を知ることで、「それがいいな」と思ったらそっちに考え直すこともありえるという考え方です。考え直すこともあるからこそ、三つの潜在意識のうちの今のあなたの部分を出していけるようになるからです。場合によったら、「自分は違うと思うけれど、この人の意見に合わせたい」と感じることもあるかもしれません。それはそれでいい。違うと思うけれど合わせたい理由があって、その理由のほうがあなたにとって大切だと感じているのであれば、それを信じればいいのです。

最初に生まれ持ってきた本能の部分の潜在意識から、さまざまな経験をし、何を選ぶかで変わっていく側面が今のあなたの潜在意識です。過去の経験からの潜在意識も何を選ぶかで変わっていきますが、過去の経験からの潜在意識が何を実際に選んだかで準備される行動に大きな影響を与えるのに対して、今のあなたの潜在意識は本能的な部分と経験を統合して、今、どのようにしたいのかを感じるものです。

バランスが取れている時、過去の経験からの潜在意識が引き起こす思考や行動は、今のあなたの潜在意識と限りなく似た状態になっています。バランスが崩れていると「今何を望んでいるか」が認識できずに、過去の経験からの行動が選択され続けるので「今」と「過去」が離れてしまい、「つらい、苦しい」と感じるのです。今のあなたが過去のあなたに占領されているイメージと言えばわかりやすいでしょうか？

思考ばかりが先行してしまっている状態を緩めて、潜在意識から上がってきている情報を受け取ることができるようになっていくためには、**自分がどのように感じたかということにフォーカスして、どのように感じたかという感覚を信じることが大切です。あなたが今、その瞬間どのように感じたかということは、あなたが持って生まれてきた身体的な感覚器の感覚と、性格的な感じ方にこれまでの経験から学んできた感じ方が加わった、あなただけにしかわからない、あなただけの大切な感覚なんです。**

あなたが痛ければ痛い。それには必ず理由がある

身体の症状で気になることがあって、医療機関に行って、診断してもらった結果、「なんともない」と言われることがあります。

診てもらって「なんともない」と言われると、「お医者さんがなんともないって言ってるんだから、大丈夫。なんともないんだ」と思ったこと、一度は経験があるのではないでしょうか？　それって本当になんともないんだと思いますか？

実は、私は過去に車にはねられたことがあります。救急車で病院に運ばれて、レントゲンを撮ったりした結果、「なんともないから帰っていいよ」と言われたのです。でも、その時私は、本当に痛くて動けなかったので、「痛い。動けない」って言ったんですね。診察した医師は、「また大げさな……」と言いたげな反応でした。

その時、母親が「この子は痛みに強い子です」って医師に言ったので、「まあ、じゃあ一晩泊って様子を見ようか」ということになったんです。診療時間外だったので、担当の医師もいないし、念のためってね。

次の日、再度レントゲンを撮ってみると、レントゲンで写りにくい場所（恥骨）が骨折していて、トイレに立つことさえ許されない、絶対安静が必要な状況だったことが判明しました。医師が「なんともないから帰っていい」と言った時に帰っていたら、大変なことになっていました。母親も、痛みを訴える私の様子を見て「これは尋常じゃないぞ」って思ったんでしょうね。

たとえ医師がなんともないと言ったからって、あなたが痛いと感じていれば痛いのです。私の骨折の件の時のように、目で見えるどこかが損傷しているかもしれないし、もしかしたら目で見えない場所に原因があるのかもしれない。心理的なものが原因でその痛みがあるのかもしれない。

あなたがどのように感じているかは、他の人には絶対にわかることはありません。**あなたがどのように感じているかが、あなたにとっての正解です。**たとえ同じケガであっても、痛みをどう感じているかは人によって違っていて、あなたの痛みはあなたにしかわからないんです。人は、もっと自分の感じることを信じるべきなんですね。

潜在意識からの情報を受け取りやすくするために

夏。灼熱の太陽が照りつけてうだるような暑さの時に、ホースで水を撒《ま》くのはとても気持ちがいいですよね。ホースの先につけた散水ノズルを回すと、シャワーのように水が出たり、霧のように水が出たり、細くて強い水圧で、遠くまで水をかけたりすることができます。ホースに添える手には、ホースの中を通る水の振動が伝わり、散水ノズルを持つ手には水が噴き出す水圧を感じます。キラキラと噴き出す水は見るからに涼しげな気分にしてくれ、噴き出したときに出た細かい霧のような水の粒が風に乗って顔にあたります。すべての刺激が涼しい気分にしてくれて、家の周りも少しだけ涼しくなって、気分が良い瞬間です。

さて、ここまで、自分の感覚を信じることが大切だとお伝えしてきました。思考で考えていることの多くは過去の経験からの潜在意識からつくられているのに対して、刺激についてどのように感じたかという感覚的なものの認識のされ方は、それ以外の潜在意識からつくられていることが多いのです。それを意識して感じるようにすることで、思考という過去の経験からの潜在意識に偏りすぎてしまいがちな認識を、それ以外の潜在意識からの情報も認識しやすくするのです。

とはいっても、「感覚に注意を向けて感じるようにしましょう」なんて言われたってどうしたらいいのかわからないですよね？「感覚を感じるように」という言葉の意味もわかるようでわかりにくい。ですので、一つずつ具体的に、感覚を感じる練習をしてみたいと思います。

五感での感じ方を掘り下げてみる

人にはたくさんの感覚があります。その中でも一番有名でわかりやすい感覚である五感で、あなた自身の感覚を意識してみましょう。五感とは、視覚、聴覚、触覚、味覚、嗅覚の5つで、身体の外にある情報を知るためのものです。

五感でどのように感じるかは、あなたが生まれ持ってきた身体の感覚器官がどのように刺激を受け取るかということに加えて、これまでの経験でつくられたイメージが混ざって認識された、あなただけの感じ方になります。感覚器官でどのように感じたかということだけではなく、見たり触れたりしたものを認識するために脳で再構成された時に、それまでの経験からの印象も混ざったかたちで認識されるのです。

まったく同じ時に同じ環境にいても、ある人は「寒い」と言うけれど、別の人は「暑い」と言うことは誰しも経験があると思います。人によってその時の気温の感じ方は違います。それは当たり前のことで、人によって体温は違いますし、どのように感じるかという感覚器自体も違うし、感じることができる受容体の数も違うのですから。

気温だけじゃなくて、耳に聞こえる音も、目に映る景色の色も、実は人によってまったく違うように感じています。

感覚器官で受け取った刺激は、そのまま脳で認識されるわけではないのです。リベットによれば、人に上下が逆さまに見える眼鏡をかけさせると、最初は違和感を覚えて物事が認識しづらい状態になるけれど、それをずっと続けていると、上下逆さまであることがまるで普通のこととして認識されるようになるそうです。そしてその眼鏡を外すと、普通のはずなのにまるで逆さまになっているような違和感を覚えるというのです。

人は見たり感じたりしたままの情報を脳で認識しているのではないのですね。**経験や環境によってどのように感じるかは変化していくのです。**あなたが物事をどのようにとらえているのかは、あなたが生まれ持ってきた感覚器でどのように刺激を受け取るかということと、あなたがこれまでどのような経験をしてきたかによって変わるのです。あなたがどのように見たり感じたりしているのかは、あなただけにしかわからない感覚なのです。

感覚に注意を向けて感じることで大切なのは、どのように感じていたらいいとか、どのように感じたらいけないかということではなく、**ただ正直に感じるということだけに**

集中することです。あなたがどのように感じたかということだけが、あなたの正解なのです。

あなたがどのように感じるかという感じ方はすべて、喉神が魂だったころに、意図を持ってあなたがそう感じるようにあなたのことをつくっています。

例えば、ジョーロの先の部分の穴の大きさや向きによって水の出方が違うのは、たまたまそうなっているのではなく、意図があってそのようにつくられています。スマホのマイクは端末機の下部についていて、スピーカーが上部についているのは通話がスムーズにできるためで、これが反対であればスムーズな通話はできません。

先に述べた水撒きをしたホースのノズルも、どのように水を撒くかという、さまざまな用途に合うように意図してつくられているんですね。だから便利に、気持ち良く水撒きができました。

こういったものと同じことで、あなたがどのように感じるかは、あなたがよりあなたらしくあるために意図されてできているのですね。

あなたが持つ感覚の正解がどのようなものであるのかがわかる人はあなただけです。あなたがどう感じたかということをきちんと認識することは、喉神が意図してつくったあなたの身体の感覚を十分に生かすことにもつながります。

①視覚

まずは視覚からやってみましょう。今読んでいる本から目を離して、曲線になっているものを探して見てみてください。その曲線は緩やかですか？　急ですか？　曲線から受ける印象は？　その曲線を見て、その曲線が緩やかであるか急であるかを感じるのは、あなただけの感覚です。曲線をなぞるように見たりして、印象や気づいたことを改めて感じてみてください。紙に書いてみてもいいかもしれません。

私が初めて社会人になった時、同期で入った友人が陶芸家だったんです。職場は規模があまり大きくない福祉施設だったので、同期はその友人だけでした。友人のつくる作品は、とても大きなオブジェで、微妙にゆがんだような曲線的なかたちをしていました。

それを見た時、私はその芸術性についてよくわからなかったんです。そんな私に友人は、「見るんじゃない。感じるの」と言ったんです。

確かに、**見たものをどのように感じるかということは、その人の内側にあるものを引き出すものだと思います。**

同じ曲線を見ても、規則正しいように感じる人もいれば、柔らかく不規則な感じがする人もいるでしょう。風が吹くような流れを感じるかもしれません。

ここで曲線を選んだ理由は、身の回りにあるものの中で、直線よりも曲線のほうが人によって違った感じ方を体感できるのではないかと考えたから。ですので、曲線ではない、他のかたちでもかまいません。

次に、空や木などの自然のものを見てみてください。自然のものはその日その日で色が違っていたり、少し場所が変わるだけで違う色になっていたりします。その青や緑、茶色など、言葉にすると同じですが、どのような色に見えていて、どのような気持ちが湧き起こるかは人によって違います。同じ色に見えてはいないし、同じ気持ちを感じてはいないんです。あなたが今、それを見て感じている気持ちは、あなただけのもの。あなたがどのように見えて、どのように感じているかということは、あなたにとっては唯一疑うことのできない真実です。デカルトの言った絶対に疑うことができない真実とは、あなたが見て感じていることであるということなんですね。

②聴覚

次に聴覚です。聴覚も、どのように聴こえているかは人によって違います。同じ音を聴いても聴く人によって同じようには聴こえていないのです。「聴覚」と一言で言っても、とらえられる音域は人によって違いますので、同じように聴くことができません。

単一の音ならば似たように聴こえているかもしれませんが、複合された音はまったく違うように聴こえているのです。例えば、携帯の着信音。同じメロディを聴いても人によって同じメロディには聴こえていません。

私は左耳が難聴で音を感じることができないのですが、右耳は音を聴くことができます。ですが、聴こえるほうの右の耳も低音が聴こえにくいため、小さな音だと拾えないんですね。ですので、携帯の着信音が小さな音で聴こえた場合としっかりと聴き取れる音量で聴こえた場合で違うメロディに聴こえます。小さな音だと聴き取れるメロディから低音がなくなるからです。救急車の音が「ピーポー」と鳴っているのも、救急車が遠いと「ピー」しか聴こえないことがあります。

私の場合はとても明確でわかりやすいのですが、私のようなわかりやすいかたちでなくとも、人によって違うように聴こえているのです。

このように人によって違うように聴こえているということを頭に置いて、聴覚に注意を向けて聴こえてくる音を感じてみましょう。まずは日常の何気ない音を聴いてみましょう。今、そのままの状態で耳を澄ましてみた時に、何が聴こえていますか？　テレビの音？　周囲の雑踏？　エアコンなどの機械が動いている音でしょうか？

今、あなたに聴こえている音は、あなたにしか感じることのできない音色で聴こえています。他の人には聴こえない音が聴こえているかもしれません。他の人の耳になったら全然違う音に聴こえているのかもしれません。絶対に変わらない、信じられるものは、あなたが今、聴いている音が、あなたの聴覚で感じられる音だということ。

静かな自然の中でも、あなたに聴こえる音はどんな音かを意識して感じることをやってみてくださいね。

③触覚

次に触覚です。触覚は皮膚で触れる感覚以外にもたくさんあるのですが、ここでは皮膚で触れることで感じられる感覚を実感してもらうことにしますね。

あなたが今、着ている服の表面を撫でてみてください。その服の感触は硬いですか？　それとも軟らかいですか？　ざらざらしているとか、すべすべしているとか……。そして、その感触が好きか嫌いか……。言葉で表そうとすると、偏った表現しか出てこないかもしれません。だけど、触った時に感じている感覚は人によって違います。

手のひらの軟らかさや温度、触る時の力の強さ、……さまざまな外的な要因だけでも変わるし、内的な要因でも変わります。同じ物に触れても、どのように感じているかという感覚の答えは人によって違うのです。

服を手で触った時の感覚も違いますし、自然と身体に触れた時の感じ方も違います。直接触れることであなたがどう感じるかに集中してみたあとは、風や空気の温度といった直接物質に触れるわけではないものの感覚を感じてみてください。風や空気は流れているか、暖かいか冷たいか……。これらも、あなたが感じていることが、あなたにしかわからない、あなたが感じることの真実です。

④嗅覚

次に嗅覚です。私個人的には、味覚や嗅覚こそ、人によって本当に、まったく違うように感じているのではないかと感じている感覚です。人によってものすごく好みが違うのは、実際に同じように感じていないから。

嗅覚は、感覚の中でも最も慣れやすいといわれるので、今、そのままの状態でどんな匂いがしているかを感じようとしても、なんの匂いも感じないかもしれませんね。一番手っ取り早いのは、今読んでくださっているこの本の匂いをかいでみてください。どんな匂いがしますか？　この匂いをかいで、どんな気持ちになりますか？

余談ですが、私は本の匂いが好きです。独特の匂い、触り心地、ページをめくる時の音や感触……。本を読むだけでも感性を研ぎ澄ますとたくさんの刺激を得ることができるなあ……と感じます。

嗅覚の話に戻しましょう。どんな匂いを感じるかということも、どんな気持ちが起こるかということも、すべてが正解です。それが、あなたの嗅覚です。他の人には違う匂いに感じています。でも、あなたの感じる匂いこそ、あなたの正解です。

他のものの匂いや、自然の中の匂いなども、あなただけの感覚を感じてみてくださいね。

⑤味覚

次に味覚です。味覚は五感の中でも唯一、それだけを感じるということが難しい感覚です。味覚だけを感じるということが難しいという理由で、紹介を最後に持ってきました。

味覚を感じる時というのは、同時に嗅覚も感じます。それとともに、舌で感じる触覚もありますね。喉を通っていく感覚なども同時に発生します。人が感じるのは味覚よりも嗅覚の影響のほうが強いかもしれないなあとも思うのです。

食べるということはその行為だけで幸せな気持ちになれる、特別なもの。だけれど、それには多くの感覚が大切なのであって、味覚だけというのはあまり体験しないものです。子どもが「鼻をつまんだら味がしない」と言って、嫌いな物を食べる時に鼻をつまんだりするように、味覚だけの感覚は、けっこう弱いように思えます。ですが、そんな味覚も人によって感じ方が違います。辛い物が食べられない人もいれば、平気な人もいるのは感じ方が違うからです。

味覚も嗅覚も人によって違っているので、同じ物を食べても「おいしい」と言う人がいれば「おいしくない」と言う人もいるのですね。ということは、違う味の物を食べているのと同じようなものです。違う味の物を食べているとしたら、違う意見が出てもおかしくないと思えますね。

味覚をじっくり味わうことに関しては、味だけというよりもその味わう食材のさまざまな感覚を一緒に感じることをおすすめします。どんな匂いがして、どんな舌ざわりなのか、どんな味がするのか。舌の先とまん中で感じる味は同じか？　右側では？　左側では？　噛んだ時の感じ、飲み込んだ時の喉を通る感触、喉を通る時に鼻に抜ける匂い……。それぞれ一つひとつに意識を向けてみてください。舌の場所による感じ方の違いは、ラムネやあめ玉、チョコレートなど小粒のものがわかりやすいかもしれません。

食べ物を口に入れる前の匂いと、口に入れたあとに鼻を抜けていく匂いは同じですか？　噛む時に食べ物が歯に触れた感触はどんなですか？　飲み込んだあと、息をそっと鼻から吐き出した時、どんな匂いがしますか？　その匂いは口の中で噛んでいる時と同じ匂いですか？　細かな一つひとつの感触すべてが、あなたにしか味わうことのできないものです。そして、その感覚を感じた時にどんな感情が湧き上がるのか。すべてが、あなたにしか感じることのできないものです。同じものを食べても、他の人は他のものを食べているのと同じくらい違う感覚を味わっているのです。

人と自分は別の感覚を持っている

改めて五感を感じてみてどうだったでしょうか？　五感というのは、日ごろから常に情報を与えてくれているものなのですが、普通はその存在を忘れてしまいそうなくらい、意識せずに生活しています。「痛い」とか「見えない」というような、不愉快な時は気がつくけれど、それ以外の時はほとんど気がつかずに過ごしています。情報を得ているにもかかわらず、その情報にはほとんど気がつかずに過ごしているのです。こういった感覚を意識して感じることは、あなたが普段、気がつかずに流してしまっている潜在意識からの情報に気がつけるようになることにつながっています。

ここまで紹介してきた五感の他に、平衡感覚などいろんな感覚がありますが、どの感覚であっても人は他人とまったく同じように感じることはないのです。意外なことに、同じ一人の人間であっても、その時の体調や心境、外的要因などの状況によって、同じ環境で同じものを見ても、同じように感じるとは限らないのです。人とは、そういったどこか不安定なところをたくさん持った生き物なのですね。

感じたことを表現する際の言葉は同じであったとしても、実際にどのように感じているかは違うのです。そのことを理解しながら、日ごろから十分にあなたが感じる感覚に注目して過ごすようにしてほしいのです。**あなたが本当に一番信じられるものは、「あなたがどのように感じたかということ」。それがわかっていることはとても大切なことです。**

自分と自分以外の人がまったく違う感じ方をしていて、一番信用できるのは自分がどう感じるかということだとわかっているだけで、他の人の言うことに心が乱されるということが驚くほど少なくなるのです。違うように感じているから、違う意見を言っていても当たり前なんですよね。

他の意見を聞いて、その視点を知ることであなたが信じていたことよりも「そっちが良い」と思ったなら、新しい感覚に変わってもいい。大切なのはあなたが思ったことを信じることです。

自分以外の他の人は違う感覚を持っていて、自分がどう感じるかを信じていることが一番良いということがあなたの中で定着してくると、過去の経験から準備される行動や思考が変わり始めます。あなた自身の感覚を信じることを優先に準備されるようになるのです。そうなると、優先するべきあなたの感覚を常々感じておく必要が出てきますので、どのように感じたかということにフォーカスされやすくなっていくんですね。

ここまでくると、少し安心できます。あなたの中で今まで認識されにくくなっていた過去以外の二つの潜在意識の情報が認識されやすくなっていくので、意識して感覚に注目しようとしなくても、ごく自然に感じるようになってきますから。そうなってくると、三つの潜在意識のバランスもうまく取れるようになってきます。

バランスが崩れてしまっている状態とは、それだけ自分自身の持つ感覚を置いてきぼりにしてしまっていたということでもあるんですね！

感覚に意識を向けて、認識できるようにしようと考えてみた時に、やっぱりこんな不安や心配事が出てくるのではないでしょうか？「心に浮かぶ思いや感情は、過去の経験からの思考なのではないか」とか、「ちゃんと他の潜在意識を感じることができるか」というような、きちんとできているかという不安です。「ちゃんとできていなかったら意味がないんじゃないか……」と気になってしまいませんか？

私はというと、すぐにそういうことが気になるタイプです。だって、自分がちゃんとできていない気がするんだもの。だから、「ちゃんとできているの？」って不安になってしまう気持ち、よくわかります。

ですが、「本当にこの潜在意識で合っているか……」というようなことは気にする必要はありません。その理由は意外にも簡単で、実は先にも紹介しているのですが、潜在意識を三つの側面でとらえているけれど、これらはもともと一つの潜在意識であるから、この三つを明確に分けることはできないからです。「ここからは過去」とか、「これは生まれた時の」というようにはっきりとした境界線はないんです。それぞれが重なり合い、影響し合っているんですね。だから、「これはどれかな？」というようなことは考える必要がないのです。

考えるべきなのは、「この感覚で合っているか」ということではなく、他の人はあなたとまったく同じには感じていないということ。大切なのは、人と自分は別の感覚を持っていることを意識して、それをもとに、自分が何を選んでいるのかということです。

だから、「自分のこの感覚で合っているのか」という心配はいらなくて、あなたが感じることは全部、そのまま信じていればいいのです。

究極を言えば、私がここで紹介していることも、もしもあなたが「自分は違うな」って思うのであれば、あなたが「これが真実だ!!」と思うことのほうを信じていればいいということです。それこそがあなたの正解だから。

あなたらしい行動パターンを決定していく顕在意識

感覚に意識を集中させて深く感じる方法についてお話ししてきました。

ここまでご紹介してきた方法は、実は味覚以外はどれも、今すぐにできるものです。あなたはこれを読みながらやってみましたか？　実際にやってみた人も、「あとでやってみよう」と思った人も、最初からやってみる気がなかった人もいるでしょう。

こういった本の中で、何かを「やってみてください」と書かれていることはちょくちょくあると思うのですが、そういう場合に、あなたは実践していましたか？　それとも、していませんでしたか？

おそらく、多くの人がいつもと同じ行動を選んだと思います。「いつもやってみる」とか、「いつもやらない」というように。「いつもなら絶対にやらないけれど、今回はやってみた」という、いつもとは違う行動を選んだ方は少ないいんじゃないかなと思います。

「いつも通りにした」それこそが、過去からの行動として決まっているあなたの行動パターンですね。それはあなたらしさでもあります。

もしも、あなたが「変わりたい」と思いながらこの本を読んでいて、ご紹介した方法をやろうかなと思ったのにやらなかったとしたら、あなたは顕在意識で「やらない」を選択したということになります。

逆に、「やってみた」という方であれば、顕在意識で「やる」を選択したということになります。

いつものパターン通りに行動した場合も、いつも通りでない場合も、最終決定権を持っている顕在意識でそれを選択したということになりますね。どれを選択したかということは経験として積み重ねられます。だから、今回いつも通りに行動した場合は、次もいつもと同じ行動が選択されやすくなるでしょう。

それでもまったく問題はないんですけれどね。だけど、もしも、「変わりたいと思っていて、やろうか迷ったけれどいつもやらないから結局やらなかった」というのであれば、今すぐにページを戻ってやってみるという選択もできます。

あなたは、あなたの魂が最初に選んでつくった身体的・精神的な特徴と本能的な潜在意識を持って生まれ、その身体で生きている間に多くの体験をしていきます。**そうやって経験を積み重ねていくことで、あなたらしい行動パターンを生み出す過去の経験からの潜在意識ができていき、その過去の経験の側面と本能的な側面、両方の潜在意識をまとめた今のあなたの潜在意識ができていくのです。**

環境的な情報や潜在意識の情報など、すべての情報をもとに何を選択するかを最終的に決定するのが顕在意識です。あなたが何を感じ、どのように選択して生きていくのかを見守り、手伝っているのが喉神です。

喉神はあなたの顕在意識にあなたがどう生きるのかを任せて、あなたの人生を体験するためにあなたの中にいる魂であり、あなた自身でもあります。

パターン化された思考から解放されて自己理解できるようになる方法

普段の生活の中で何かを考えている時、あなたの頭の中で何かをぶつぶつと話すように考えることがあるのではないでしょうか？　そういう時に頭で話していることは、だいたいが過去の経験からの潜在意識で、今までのあなたならこういうことを考えているだろう、と予測された内容を考えています。なので、同じようなことをぐるぐると考えていることが多いのです。

私自身考えることが好きなので、いつもいつも、いろんなことを考えています。同じことを考えて堂々巡りをしていることも頻繁にあります。考えごとが大好きなんですね、きっと。

このようにぐるぐると同じことを考えている時に、そこから抜け出して、自分自身の別の考えを認識しやすくする方法があります。それは、考えていることを口に出して話したり、紙に書き出してみることです。

思考は今までのパターンで同じようなことを考えているのですが、口に出して話したり、書き出したりすることで新しい気づきが得られます。コーチングやカウンセリングなどで解決に結びつけることができるのも、口に出して話すことで、自身で気がつくことがあるからです。

本当は前から知っていたはずなのに気がつくことができなかった自分の気持ちが、不思議と言葉にすることでふっと出てきたりすることがあります。これは思考と話すための言葉では、準備されるものが違うからだと推測しています。話すことで自分でも確認できるし、頭の中が整理できます。書くのも同じ。紙に書いてもいいですし、パソコンなどを使って打ち出すのでもいいと思います。

ちょっと裏技で、誰かに相談するつもりで相手を頭の中でイメージし、その人に頭の中で話しかけて相談してみると、それだけでなにがしかの答えが出てくることもあります。

誰かに何かを伝えるために言語化するということは、それをするだけでも自分の中で明確化でき、頭の中を整理することができます。ぐるぐる考えている時の思考パターンと、誰かに説明しようと考える時の思考のパターンが違うんですね。

なので、頭の中の独り言であっても、誰か対象の人をイメージしてその人に話しかけるように考えてみるだけで、ぐるぐる考えている時とは違う答えを見つけられます。頭の中のその人なら、なんて返事をするかなあ、と考えてみるのもいいですね。

頭の中で相談する方法を具体的にご紹介しますね。

まず、あなたが相談したいと思う人を思い浮かべます。どんな人がいいかという決まりは特にありません。会ったことのない憧れの人でもいいですし、信頼している人でもいいでしょう。イメージしやすい人のほうがいいですね。

この時に思い浮かべる人としておすすめしないのは、あなたが威圧的に感じている人や、権威的に感じている人です。あなたの自由な意思を尊重しにくくなるような人はあまりおすすめしません。

目の前にいるように思い浮かべるのがいいですね。そして、声に出さなくてもいいので言葉にして説明してみましょう。悩んでいること、気になっていること、それがなぜ気になるのか、など。不思議と、自分の頭の中で考えていることは同じなのに、人に説明するつもりで言葉にしてみると、それまで考えていた時よりも悩みや困っていることが明確になります。しかも、実際には相手はいないので、うまく説明できなくても、また言葉にするのにものすごく時間がかかっても迷惑はかかりません。**自分の感じていることを言葉で表現しようとするだけで、こんなにも頭の中が整理されるんだなということ**

とが実感できます。

私もよくやるのですが、言葉に換えて理解をすることで「自分はこうしたいんだな」っていうことに気がつくことができます。そして、そのうえで自分はどうするのかという行動の答えも見つけやすくなります。説明をするために考えることで、普段の思考とは別の考え方を見つけることができるのだなあとよく思います。

意図的に説明しようとするには、パターン化した思考とは別の考え方が必要になるため、いつも通りの準備された意識と違う意識を呼び出さないといけなくなるのでしょうね。そして、**そうやって言葉にして説明をするように考えてみると、日常のふとした出来事をきっかけにもっと深く理解ができたり、気づきが得られたりすることが増えて、それがまた、自分のことを深く知る機会へとつながっていきます。**

また、自分の頭の中を整理したり自分の望みや好みを知るということに関しては、頭の中で言語化してみるだけでなく、文章にするのも効果的だと感じています。私は個人ブログを書いているのですが、書いて自分を表現することで自分をより知ることができるなと感じています。

日常の中での気づきや思考を文章にすることで自分自身を客観視できますし、感じたことがもっと深く掘り起こされるのを実感します。また、書くことのテーマによっては壮大な心理テストみたいに自分のことを表せるようにも思います。毎日日記をつけるような人は、それだけで自分の頭の中を整理できているのではないでしょうか。

感じたことを話したり書いたりすることは、感じたそのままよりも少し抽象度が下がるといわれています。それは言葉の意味というのは限りがあって、本当に感じたことや考えていることをまったくそのまま言葉で表現するのは難しい部分もあるからです。

言葉に換えないままの感覚を持っておくことで、その意味を変えずにいられると考えることもできるのです。脳科学者のベンジャミン・リベットもそのように考えていて、ひらめいたことはあえて言葉にせずにいるようにしていたと著書に書かれています。

確かにそういった部分もあるかもしれません。言葉という限られた表現にしてしまうことで、潜在的な感覚の違いは曖昧になってしまうのかもしれません。言葉にするということ自体が苦手で、うまくできないと感じている人もいることでしょう。だけど、言葉に換えることも日常的にやっていればそれが訓練のようになって、言葉に換えたほうが理解しやすくなり、頭の中が整理しやすくなるのではないかなと感じています。

人によっては言葉にするよりも絵によって表現したり、別の表現の仕方のほうが整理できるという人もいるでしょう。**大切なのは、あなた自身が「これだ！」と思えるような自分の中の整理方法や自己理解できるかたちを見つけ出すことです。**

ハンドメイドやＤＩＹのような、何かをつくったりすることもいいですよね。何かを使って自分を表現することは、心が表れることだと思います。制作に集中することで、ぐるぐると繰り返すパターン化された思考から離れることができますし、自分の答えがふっと浮かんでくることに気がつけると感じています。

つまり、**思考から意識を離すことで、別の側面の潜在意識からの情報を受け取りやすい状態がつくれるということ**ですね。同じ思考を繰り返すことから解放されると、新たなひらめきのかたちでも自分の中の情報を受け取りやすくなるということです。この方法も、三つの潜在意識のバランスを取りやすくする方法の一つですね。

喉の奥に意識を向ける習慣

喉の奥のほうを意識して感じてみたことはありますか？

「意味がわからない」と思われるかもしれませんが、喉のあたりは、あなたの心の状態を表していると考えています。

ちょうど、喉神がいるのが喉のあたり。仏様が座禅を組んだかたちをしている「喉仏」が存在しているところで、脳幹や松果体など、脳の大切な部分がまとまっている部分です。本書の最初でもご紹介した通り、仏様のかたちをしている骨は、一般的に「喉仏」といわれている首のところにある軟骨ではありません。仏様が座禅を組んだかたちをしているのは、「第二頸椎」と呼ばれる骨です。この骨自体が喉神というわけではなく、その座禅を組んだ仏様のかたちをしている骨が、そこに喉神がいることを象徴しているもので、そのあたりを中心に存在していて、「ここからが喉神だ」という明確な境目はありません。

潜在意識を始めとする意識や喉神は、物質的なものとは違うかたちで存在していて、「これだ」と該当するものがあるのとはちょっと違うとらえ方になるのです。なので、あなたの親指の爪を見て、「これが私の親指の爪」と理解するのと同じように、第二頸椎を「これが私の喉神」と考えるのは少し間違っています。だけど、そこに存在している象徴（シンボル）として喉仏は仏様のかたちをしているのです。

先に述べたように、私たちが日常的に「喉仏」と呼んでいる、首の喉の部分にあって何かを飲み込む時に動く軟骨は、英語では"Adam's apple"と言われています。これは、キリスト教でアダムとイブが禁断の果実であるリンゴを食べた時に、アダムがリンゴのへたの部分を喉に詰まらせてできたといわれているところからきているそうです。

第二頸椎のかたちが仏様のかたちであると認識し、喉仏と呼ぶのは仏教の考え方なのかもしれません。

喉のあたりは人の状態を表すことができる部分です。一般的に、悲しいことがあった時などに「食事が喉を通らない」と表現するのはこのため。大きなショックを受けるようなことがあった時、人は食事が喉を通らなくなります。呼吸も苦しくなって喉のあたりが苦しいと感じます。悲しすぎて言葉が出せない……なんて経験をしたことがある人も少なくないはずです。

声が出せないほどに明らかに苦しくなると、「喉が苦しい」と感じるので喉に意識を向けるのですが、そういった場合以外、喉のあたりに意識を向けることは通常ありません。

ですが、喉のあたりに意識を向けてみると、苦しい時、調子が良い時、普通の時で、違う感覚であることがわかります。ただし、通常はわずかな変化なので日ごろから意識的に感じるようにしていなければ、感じ方の違いには気づきにくいものです。

日ごろから喉のあたりに意識を向ける（喉に集中する）ことで、あなた自身の身体や心が今現在どんな状態なのかを知ることができるようになります。

喉の部分を圧迫すると苦しく感じるのも、**そこが生きるうえで一番大切な部分だから。あなたの意識をつかさどり、命のもとである喉神がいる場所です**。あなたの魂が、魂であった状態からあなたの中に入り、喉神としてそこに存在しているから、あなたは今、生きているのです。

喉に集中するということは、どのあたりに意識を集中させるのかというと、鼻の奥のちょうど口に向かうあたりのもう少し後

喉に集中する

ろ側です（イラスト参照）。悲しい時にはそのあたりがツーンと痛いと感じることがあると思います（そんな経験がない人もいるかもしれませんが……）。そのあたりに意識を向けます。

意識を向けてみると、うれしい時や楽しい時、心地よい時などは、そのあたりが満たされた感じがするはずです。不安な時や疲れている時は、少し重たい感じがするかもしれません。

どのように感じるかは人それぞれなので厳密に「こうだ」と言い切ることはできませんが、あなた自身がどのように感じているかを知ることで、あなたの今の状態を知ることができますし、望んでいることがどんなことかを知る目安にすることもできます。

しゃっくりを止めてみよう

しゃっくりが止まらなくて困ったことはありませんか？

しゃっくりって「息を止めたら止まる」とか、「驚いたら止まる」など、止めるためのいろんな方法が言われています。何かを飲み込んだら止まるとか……。

いろいろな止め方が言われてはいるけれど、実際にそれをやってみてもなかなか止まらなかったりします。そんな、なかなか止められないしゃっくりも、喉に意識を集中することで止めることができるんです。

やり方は**喉の奥のところに集中して、「しゃっくりが止まる」と思うだけです**。これはどのように思うかというところにポイントがあって、それは、全神経を喉の奥のところに集中させること。ですので、日ごろからそこに集中するようにしておかないとちょっと難しいかもしれません。

喉の奥に意識を集中させて、他のことを考えたりせずに「しゃっくりが止まる」と考えるのです。人の神経はもともとこのあたりに集中していて、身体の全体をつかさどっているのです。そこに集中することでしゃっくりを止めることができます。おそらく、喉の奥に集中しているこの時が、一番喉神と深くつながりやすい状態になっているのだと思います。

喉神は喉のあたりにいて、身体や潜在意識などのすべてをつかさどっています。**精神と身体はここで強く結びつき、一つの生命として成り立っているのですね。**

この方法は応用することが可能です。身体のどこかが痛む時に、その痛みをのがしたり緊張を鎮めるというようなことができるようになります。不安を感じている時に、それを鎮めて心穏やかにすることもできるでしょう。

やり方はしゃっくりを止める時と同じで、喉の奥に意識を集中させて、「落ち着く」「大丈夫」と考えるようにします。ただし、日ごろから喉の奥に意識を向けたり、集中したりする訓練が大切になります。一点にグッと意識を集中させます。

喉の奥に意識を集中し、喉神と深くつながることで可能になることは他にもたくさんあり、多くの可能性を秘めています。

ただし、絶対に注意すべきことは、痛みをのがしたりできるからといって本当はつらいのに無理をしてこの方法を使うのは禁物です。喉の奥に意識を集中させてある程度身体の不快な感じを鎮めることはできますが、これはあくまでも自分に深くつながり、自分の感覚を大切にして信じているからこそ成り立つものです。

本当はつらいのに、無理をするために喉の奥に集中しようとしても、それは苦しさを無視していることになるのでうまくいかないでしょう。万が一うまくいったとしても、それは自分を苦しめることになり、あとからより苦しい思いをすることにつながってしまいます。

あくまでも、自分自身を肯定して、自分自身の感覚を信じることが大切で、その土台の上にすべてが成り立っています。**喉の奥に意識を集中させることで起こせることと、三つの潜在意識が「ＹＥＳ」となることで自然と願いが叶うこととは深く結びついていて、喉の奥に集中することが願いを叶える流れを加速することになるのです。**

どうやって信じたらいいのかわからない時の対処法

ここまで、過去の経験が準備する行動に傾きすぎてしまうことが「苦しい」と感じる原因になるというお話をしてきました。だから、過去の経験の側面以外の潜在意識からの情報を受け取れるようにして、潜在意識のバランスを取るようにするのがいいということを説明してきましたね。

そんな風に言われると出てくるのが、「これって過去なのかな?」とか、「どうしよう、どっちを選んだら正解なんだろう」っていう不安。感覚のところでお伝えした通り、これには明確な境界線はありませんのでどれかわからなくても大丈夫です。とはいえ、どれかわからなくてもいいって言われたとしても、やっぱり気になってしまう……。まじめで一生懸命な人ほど、「結局どっちかわからない!」と悩んだりするものじゃないでしょうか？

私自身も、いくら「どれかわからなくてもいい」と言われても、力んでしまって一生懸命考えて、考えすぎてしまって、結局やっぱり、「どっちかわからない〜!!」となってしまうタイプです。だって、せっかく知ったのだからきちんとできるようになりたいし、失敗せずに上手にできるようになりたいって思うんですもの。

ですが、これは厳密にわかるものではないんです。だから、「これってどうなの〜?」って気になる気持ちはわかるけれど、その時何を選ぶかというのも、あなた自身を信じてください。「どんな自分も肯定する」という基本に立ち返って、今あなたが選んだことが一見失敗に思えたとしても、それは絶対に失敗にはならないから。すべてはあなたになるために、あなたにとっていいようになるようにできているっていうことを信じてください。

もしも、「どうやって信じたらいいのかわからない」と思うのであれば、おすすめしたい方法があります。それは、「どれを選んでも、選ばなくても、私は私のことを信じていて大丈夫」とつぶやいてみること。心を落ち着かせて、自分に言い聞かせるようにつぶやくのです。

口に出さずに頭の中で言うのでもかまいません。息をふぅっと吐いて、「信じる」「大丈夫」と言います。「信じる」の意味は「本当のことだと思うこと、疑わないこと」です。「大丈夫」は「安心できる」ということ。

言葉とは不思議なもので、その言葉の意味を認識している場合において使用する時、魔法の呪文じゃないけれど、ある程度の力を発揮します。

例えば、あなたが誰かに「あなたは優しい人ですね」と言うと、その人は言われる前よりも優しい人になれます。これは、お互いに「優しい」という意味を理解している状態で効果を発揮します。人は多くの場合、「あなたは優しい人ですね」と言ってくれた人に意地悪はできません。それに、「あれ、自分って優しいのかな？」と意識することでなんだか自然と優しくなってしまうんですね。

ごく自然に、魔法がかけられたようにそうなります。そして、**これは他者に対してだけでなく、自分自身にも効果があります**。言葉の意味を理解して、その言葉を使う時、言葉は力を発揮します。

「自分がちゃんとできているのかわからない」「自分のことをどう信じていいのかわからない」。そんな時は心を落ち着かせて、言葉の力を使います。人は、落ち着かない時は身体に力が入って呼吸が浅くなっています。意図的にゆったりとした深めの呼吸をすることで、身体の力を緩めることができます。

特に、ふぅっと息を吐く時に力を緩めることができます。**少し長めにゆっくりと息を吐いてから、「どれを選んでも、選ばなくても、私は私のことを信じていて大丈夫」という言葉を使うのです**。言い方は自己流でもかまいません。あなた自身が選ぶことは「本当のことで、疑わなくてもいい。安心できる」ということです。

そのようにすることで心も落ち着きますし、自分のことを信じていられる状態に近づくことができますよね。そうやって安心していれば、必ず、少しずつでもうまくいくようになっているんです。

喉神とつながるとスムーズに願いが叶うようになる理由

自分自身のことをすべて認めて、自分のことを信じ、三つの潜在意識のバランスが取れることで喉神とつながりやすくなり、喉神とつながることであなたの願いが叶えられやすくなります。

叶えられやすいというか、**思ったことがスムーズに起こり、なんだかきれいに流れていくように進んでいくのです**。それこそ、「思い通りにいかない！」「毎日がつらい!!」と感じていた毎日がウソのように変わります。「なんだかわからないけど、うまくいって幸せ」というような毎日に変わっていくでしょう。

これには理由があります。それは、喉神とはどんなものかというところにヒントが隠れています。最初のほうでご紹介した通り、喉神とはあなたの中に入っているあなたの魂であり、肉体のような物質的なものとは別の次元で、他のものとつながっています。

あなたは喉神とつながることで、喉神を通して、自分以外のものともつながりやすくなるのです。物質界では一人ひとりの肉体は離れています。他の物質も、何もつながっていませんよね。ところが、魂の世界で見ればすべてはつながっているのです。なので、喉神とつながることは自分以外のものともつながりやすくなり、結果的に周囲と同じ流れになっていくことになるんです。

だから、願ったことや思ったことが自然と叶えられていくようになる。叶えられると表現するよりも**流れに乗っていて、自分自身もその流れをつくっている一人になるんです。**

三つの潜在意識のバランスが崩れてしまっている時は、流れとは違う方向に進もうとしたり、同じ場所に立ち止まったりしている状態だということですね。

川に入ってみるとわかるのですが、流れる川の中で立っていようとするのって大変です。浅くて緩やかな場所だったら、立っていてもたいしたことないかもしれません。だけど、もしも深い川だったら？　緩やかな流れでも立っているのが大変ですよね。流れに逆らって進もうとしたら、ものすごくエネルギーを必要とすることになります。流れが速い場所だったら、流れに乗ってしまうほうがずっと楽に感じるでしょう。

だけど、もしかしたら、流れに乗ることが怖いと感じるのかもしれませんね。怖いと感じるけれど、もしも「大丈夫」と信じて流れに乗ることができたなら、ものすごく楽しいかもしれない。そうは思いませんか？

喉神につながり、他のものとも影響し合えるようになると、徐々に、あなた自身も流れをつくる一人になることができるようになり、驚くほど思ったことが現実になっていくでしょう。それはおかしなことや特別なことではなく、もともとそういう存在だったから、普通に誰でもできることなんです。

そのために、あなただけの身体があって、あなただけが感じることのできる世界があり、あなただけの経験を重ねてきているんですから。

ただし、**それを選ぶか選ばないかはあなたが決めることです。**あなたが何を選んで、どう生きるのかというのは、あなたの顕在意識が決める権利を持っているんです。最終決定権はあなたの顕在意識にあり、喉神はあなたが何を選んでもあなたのことを守り、あなたを支え続けています。

あなたが選んで生きる人生こそが喉神の願いであり、それが最終的にはあなたという一人の人を生きた経験となって魂に統合されていくのです。だから、どう生きるかを決めるのは、あなたなのです。

喉神とつながりにくくなった理由とは

自分以外の他のものとつながっている喉神とつながろうとすることは、三つの潜在意識のバランスが取れていて、自分自身のことを信用できている状態でないと、とても難しいです。だけど、この喉神とつながることは最初から難しかったのではありません。

生まれたばかりのころ、魂がまだ喉神になったばかりで、あなたにはまだ生まれ持った本能の部分の潜在意識しかなかったころには、簡単につながることができる状態でした。その理由はもちろん、最初は喉神が用意しただけのあなただったからです。

そこからあなたはいろんなものを見たり聞いたりして経験を積み重ね、潜在意識の中には本能の部分だけでなく、過去の経験からの潜在意識と、それらを統合した今のあなたの潜在意識ができていき、あなたはよりあなたらしくなっていきました。そうしていく中で、どんどん喉神とつながる機会がなくなっていき、バランスが変わっていって喉神とつながることが難しくなっていったのです。

喉神にとっては、あなたがよりあなたらしくなることが一番の目的であるので、喉神とつながることがなくなっていくことは問題ではないのですね。あなたがどのように選択するかを見守り、手伝うのが喉神の役割だからです。

だけど、あなたが「自分の望むことが流れるようにどんどん叶えられていくようになりたい」と望むのならば、再び喉神とつながりやすい状態に戻ることがそれに近づける方法です。そうなるにはあなたのほうが行動を起こす必要があって、喉神から変えてくるということはないんですね。最終決定権はあなたにあるのだから。

準備されている行動と思考、このどちらも、あなたが決定してきたことの積み重ねから準備されているんです。何が言いたいかというと、あなたが何を決めるかによって準備される行動も変わるということです。準備されている行動のままに行動したほうが楽かもしれない。だけど、それをし続けることは流れ続ける川の中でじっと動かないのと同じようになって、苦しくなってしまうこともあるということ。だけど、それも悪いことではない。

ここで思い出してみましょう。なぜ、喉神とつながることが難しくなってしまったのか。

喉神とつながるには、三つの潜在意識がバランスの取れている状態でなければなりません。三つの潜在意識のバランスが取れている状態とは、生まれ持った本能の部分の潜在意識に過去の経験の潜在意識が合わさって、そのうえで今のあなたの潜在意識がどう願っているかということが顕在意識で認識されて、行動の最終決定に影響を与えることができている状態です。

では、バランスの崩れている状態とは？　過去の経験から準備されている行動にバランスが偏って、今、どうしたいかという潜在意識からの情報が認識できずに流されて、同じパターンばかりを繰り返してしまっている状態です。

この偏りは、なぜ起こってしまうのでしょう？

過去の経験から準備される行動に、実際の行動が完全に流されないようにするためには、顕在意識の最終決定権がきちんと行使される必要があります。本能的な部分の潜在意識から湧き起こる衝動によって行動が引き起こされる時もそうです。

最終決定権がきちんと行使されるには、顕在意識で、「今、どうするか」という判断が、瞬間的になされている必要がある。

顕在意識が潜在意識からの情報を得て、行動を起こすか起こさないのかの最終決定ができなくなってしまっているから、行動に偏りが生じてバランスが崩れてきてしまったのです。

では、なぜ、顕在意識が最終決定するのが難しい状態が起こったのでしょう？

その理由は、おそらく自分自身を否定して責める機会が多くあったからですね。自分のことを信じられずに否定することを続けてきたのですから、最終決定がしにくくなるのも理解できます。

だって、「ダメだ。ダメだ」と思って、「また失敗した」と思っていたら、不安になって決定することを自然と躊躇してしまうようになります。そりゃあそうです。人は、自分で自分のことを責める時が一番苦しいと感じるんですから。

つまり、「わたしってダメだな」って思って自分を責めてしまうことは、自分で自分を苦しい気持ちにさせるだけでなく、それが引き金となって顕在意識の最終決定権が行使しにくくなる。そうなることで三つの潜在意識のバランスが崩れ始めて、願いが叶わないようなことが起こり、さらに「つらい、苦しい」と感じることが多い毎日になってきていたというわけです。

そして、そこに輪をかけるように喉神にもつながりにくくなり、もともとはうまく流れに乗れるようになっていたものが、流れに乗ることができずに、「つらい」と思いながら流れに逆らって立ち続けたり、時には流れと違う方向に動こうとしたりしてしまうようになりました。

ただでさえつらい状況なのに、いっそう疲れてしまうようになっていたということです。まさか、そんなことになるなんて、思いもしないですよね。

この根本的な原因となっている部分を解決するだけで、状況は大きく変わることになります。

何ごとも、表面的なテクニックでごまかすだけではなく、根本部分の見直しって大切なんですよね。三つの潜在意識のバランスが崩れることも、喉神とつながりにくくなることも、喉神にとってはなんの問題もないことです。そしてもちろん、**あなたが問題だと思わないのであればなんの問題もないことです**。

不安や恐怖を感じることを受け入れ、認める

あなたには、「これだけはどうしても怖くて苦手なんだ!!」というものがありますか？高いところが怖かったり、先の尖《とが》ったものが怖かったり……。人それぞれに怖いと感じるものがあると思うのです。

私はとっても怖がりです。けっこうなんでも、初めてのことにはビビりまくっています。特に何もないのに、理由もなく怖いって思っていることすらあります。初めての場所に出かける時、初対面の人と会う時……。過去に失敗したことがあることに挑戦する時、暗い場所、ジェットコースター……。知らない人ばかりのところに入っていくことなんかも、よく、怖がって小さくなっています。

日常生活を送る中でも不安や恐怖を感じること、ありますよね。あなたはどんな時にそんな気持ちになりますか？　不安や恐怖を感じる時って、いったいどんな時なんでしょう？

不安感と恐怖感って、実は大きく言うと同じ意味です。同じ意味だと表現すると極端すぎるかもしれませんが、どういったことから発生していて、そこにある感情はどんなものかを考えた時、ほぼ同質のものだと私は感じています。

不安とは心配なこと。気になって安心できない状態です。恐怖感とは、不安で怖いと感じることです。つまり、恐怖感は不安から発生しています。どちらも安心できていない時に起こる気持ちです。この気持ちが起こるのは、危険を感じているからです。危険を感じなければ不安になりません。

例えば、家を出たあとにきちんと鍵をかけたか不安になる場合、泥棒に入られて大切なものを盗まれたり壊されたりしていないか……などが不安の理由です。これは物を盗まれたら生活が困るという危険を感じているとか、大切な物を壊されることで精神的にショックを受けることが危険だと感じているといった理由で、不安を感じます。

特に盗まれても困るものがなく、壊されても支障のないものばかりのような場所の鍵をかけ忘れたのであれば、不安は感じません。不安を感じるのは危険から身を守るためです。

普通、人は不安を感じることはできるだけしたくありません。だって危険なんですもの。危険から身を守りたいと感じることはごく自然なことで、本能的なことです。それが安全だと知っていることであれば、あえてその恐怖感を楽しむこともありますが、そうでなければ普通は避けます。

いつも自分で自分を責めてしまうことがくせになっている人も、怖いことは避けます。

ではもしも、自分の潜在意識で最終決定しようとしている内容が、いつもとっている行動とは違うことで、それが怖いことであれば？

それは、自然と避けるでしょうね。だっていつもと違うことを避けていつも通りのことをしていても、ちゃんと今までの経験で準備されている結果が用意されています。そんな怖いことを選択しなくても、今までのパターン化された、ある程度結果が予測できる行動をとることができます。きちんと今まで通り、自分らしい行動が起こされます。あえて怖いことをしなくてもちゃんとスムーズに毎日が流れていきます。

意識せずに怖いと思うことを避けてきていたことは、実は気づかぬうちに選択を放棄して準備されている行動をとってしまっていたということでもあるのですね。放棄することを選択したとも言うことができるけれど。本当は、最終決定で、いつもと違うことを選択することが怖かったし、自分が選んだことでまた、「ダメだった」と自分を責めて傷つけることも怖かったんでしょう。だけど、それは結果的に「つらい、苦しい」と感じる現実になっていた。そんなはずじゃなかったのに。

人は、自分で自分を責めてしまっている時が一番つらいと感じますから、自分のことを責めてしまうようなことも、できるだけ避けたいと思います。だって不安になるんですもの。

不安や恐怖を感じること自体が、いけないことのように思ってしまっていて、不安になるような弱い自分であることを避けようとしてしまいます。

この、怖くて選択を放棄することから「つらい」と感じてしまうようになる現状を、根本的な部分から解決していきましょう。

根本的に解決していくにはまず、不安感や恐怖感を感じること自体を、ただ認めて受け入れることです。大切なのは、「不安や恐怖を感じてはいけない」と思わないこと。不安や恐怖を感じていていいんです。

ここまで何度もご紹介してきた通り、あなたがどう感じるかというのは、あなたがあなたらしくあるために大切な要因です。だから、いいんです。しかも、弱いところがあるから、人は人間らしいんですよね。弱さがあるから、優しさがある。人ってそういう部分があるから愛おしさも生まれるものなんですよ。いびつだからこそ、そこに人を引きつける魅力もある。

誰がなんと言おうと、あなたが「怖い」と感じるのであれば、「怖い」と感じるあなただからいいんです。その恐怖感は、これから変わるかもしれない。だけど、今のあなたは、今、感じるままでベストなあなたです。あなたであるために必要な感覚なんです。だから、怖いと感じることも認めて受け入れるのです。どうにかしようとしなくてもいい。そう考えるだけで、気持ちの持ちようが全然違ってきます。

本当は「怖い」と思っているのに、それを認めようとしないで怖くないふりをすることや、「怖い」とわかっていて、そうじゃない自分になろうとしている時と、「私はこれが怖いんだな」ってただ受け入れている状態とは全然違います。

前者は本来の自分を否定しているのに対して、後者は肯定しているのです。そのままの自分を肯定できることはとても重要です。肯定的になろうとするのではなく、「そのままでいい」って許すことが大切なんです。許すことでついつい身体に入ってしまう緊張が緩んで、心が穏やかになります。

だから、本当は怖いと思っているのに怖くないふりをしてしまうのであれば、本当は怖いけど怖くないふりをしてしまうということを許します。「怖い」と思わない自分になろうとしてしまうのであれば、怖いけど、怖いと思わない自分になろうとしているということを許します。

「どうやって許したらいいのかわからない」と思ったのならば、言葉の力を使いましょう。「本当は怖いけど、怖くないふりをしてしまう私だから、それでいいんだ」とつぶやきます。口に出して言ってもいいし、心の中でつぶやいてもいいです。そうすることで、怖いと感じていることも、それを受け入れられないでいることも、肯定的にとらえられますよね。

言葉の力を使うといっても、言葉の力は魔法の呪文ではありません。だから、一回だけつぶやいたら魔法のように変わるということは少ないです。だけど少しずつ変わっていきます。だから、何度も何度も繰り返してやってみてください。

ここまで何度か、「言葉の力を使う」という話をしていますが、言葉の力を使う時はその意味を理解して、意図を持って自分や他の人に力を与える時に使うものだと思ってほしいです。

例えば、他の人が言った言葉があなたにとって一見マイナスに感じられても、その人にとってはそんなつもりはないのかもしれません。だから、**他の人が使う言葉はその人のものなので、あなたがそれをプラスの力に変えられると感じた時はそれを素直に受け取って、あなたの力に変えていけばいい**。だけど、もしも他の人の言葉が、あなたにとってマイナスに感じられるのであれば、言われたことがマイナスに感じたというあなたの気持ちだけに気がついていればいいのです。

もしも相手の言った言葉が、どういう意味なのかを知りたければ聞いてもいいし、「イヤだ」と感じたら距離を置いてもいいと思います。他の人からの言葉にマイナスのイメージを感じた時（不愉快な気持ちになった時）は、そう感じたことに気がついて受け止めて、なぜそう感じたのか（なぜ不愉快に感じたのか）を考えてみるといいかもしれません。

相手の人を批判したくなるかもしれませんが、相手を批判する前に、自分自身と向き合うほうがいいです。**マイナスに感じた理由は、あなたの中の別の理由であることに気がつくかもしれませんよ。**あなたの中に、あなた自身を責めている部分があって、それが原因で言われたことがマイナスに感じられることもあるんです。その場合は、あなたがそれに気がついて解決できたら、もっと毎日の生活が楽しくなるかもしれませんよね。

基本的に、他の人は違う感じ方をして、違う考え方を持っているということを常に頭に置いておいたほうがいいです。**同じ言葉を聞いて、同じように意味を知っても、それに対してどう感じているかは違うのです。**あなたが、なぜマイナスのイメージを感じたかを考えてみて、その理由がわかった時、その原因が相手の人に関係のあることで、そのことを相手に伝えたいって感じたら伝えてもいいです。そうしなくてもいいんですけどね。要は、否定的にとらえても一方的に相手を批判することはおすすめしないということです。それがあなたに良いことをもたらすとは感じないから。

なぜ不愉快に感じたかの理由を考えてみることで、あなたがどのように感じてどんな考え方をしているのかということの理解を深めることができます。

気持ちも言葉も、自分にとっても相手にとってもプラスの力に変えられるような使い方ができるといいですね。

今のあなたが、これからのあなたをつくっていく

三つの潜在意識のバランスが崩れて喉神とつながりにくくなってしまった根本的な原因は、自分を責めてしまうことにあるという話をしました。

人と比較して「自分ってダメだ」と思ってしまったり、うまくいかなくて悔しくて自分を責めたり……。こういったことが原因となってバランスが崩れてしまったのです。だけどね、実は「自分を責めること＝三つの潜在意識のバランスが崩れる」ではありま

せん。人と比べたり自分を責めたりすることは、必ずしも悪いことではないんです。もっと言えば、すべてに悪いことなどなくて、悪いかどうかを決めているのはあなた、もしくは他の誰かです。出来事が良いか悪いかという評価があるのは、「良い」とか「悪い」と決める人がいるから。人と比べたり自分を責めたりすることには良いも悪いもなく、それが必ずしも三つの潜在意識のバランスが崩れることにはなりません。自分を責めることをエネルギーに変えて、それまでよりももっと爆発的に良い方向に変えていくことができる人だっているのですから。

物事をどのようにとらえてどのような力に変えるかは、人それぞれ違っているもので、人によって得意なこと、不得意なことがあります。自分を責めて、その悔しさをバネにもっと強いエネルギーに変えることが得意な人は、そのエネルギーを使ってどんどん力を伸ばすかもしれません。だけど、自分を責めて、自分を傷つけ続けることでバランスを崩してしまう人もいるでしょう。

自分を責めることで悔しさをエネルギーに変えて、もっと自分を伸ばすことができる人というのは、スポーツ選手に多くいそうなイメージですよね。「昔は全然できなかったけど、ものすごく練習してできるようになった」と言っているスポーツ選手がいますもんね。

「ダメだ」と思ってくよくよするのではなく、どんどん練習に励むことができるのってすごいなって思うんですよ。私は負けて「悔しい」って思ったとしても、そんな風に打ち込むことができないタイプです。絶対にやらないといけないというタスクを与えられないとできない。一人でへこむだけへこんで、それだけになっちゃいます。熱血漢なタイプに怒られてしまいそう……。だけど、それって人それぞれ持つ性質が違うので、みんなを同じに当てはめることはできないんですよね。

たくさんの人がいて、人によって物事の受け取り方も、それをどうやって力に変えられるかということも違うのです。そう言われると、「どのようにとらえる人がいいか……」と考えたくなるかもしれないですね。さっきの話だと、へこむだけへこむような私みたいなタイプが、「それじゃダメだ!!」と怒られるみたいに。

たぶん、日ごろ何が良くて何がいけないかということを特に考えない人は考えないし、どちらが良いかを決めないといけない人は、普段から何が正しくて何がいけないかという結論を出さないといけないんじゃないかな？

私は、「それがいいな……」というようにどちらかを判断して考えてしまうタイプです。あなたはどのタイプですか？　この日本で生まれ育ったなら、「〇〇すべきだ!!」と言われることが多い環境なので、「こうできなきゃだめだ!!」と決めたくなる人のほうが多いのではないでしょうか？

物事の受け取り方について、バランスを整えていくための「どれがいいか」という答えはもちろん、「今のあなたには、今のあなたの状態が一番いい」です。自分を責めてバランスが崩れてしまっていても、良い状態です。だって、それが今のあなたになるために必要だったから。そして、**今のあなたがこれからのあなたをつくっていくんです。あなたがこれから「喉神とつながれる自分になろう」と思うのであれば、これからそのように選んでいけばいいってことです。**それがあなたになっていく。

もしも、これから三つの潜在意識のバランスを整えて、喉神とつながりやすい状態になりたいと思うのならば、なればいいのです。そのためにはまず、認めること。だから、自分を責めてしまうことも許して受け止めましょう。自分を責めることは悪いことじゃない。それだけ一生懸命考えているっていうことなんです。一生懸命考えていなかったら責めたりしないから。

一つ間違えてはいけないのは、自分のことを責めているから一生懸命考えていると思うのはいいけれど、自分のことを責めていないことは一生懸命考えていないことだととらえてはいけないということです。自分のことを責めることなく、カラッとしていて次に進む場合だって一生懸命考えています。要は、**自分を責めていても、責めていなくても、それを肯定的に受け止められたらいいってことです。**

自分のことを責めたくなるくらい、一生懸命考えているあなた自身のことを「一生懸命考えてて、エライな」って褒めてあげてください。あなたはもっとあなたに優しくしていいんです。

自分のことを褒めてあげるって、ちょっと変わった言い方だと思いませんか？　自分に対して「○○してあげる」ってなんだか不思議な感じ。だけど、いろいろ考えて頑張っている自分のことを、まるで他の人に親切にしてあげるように「褒めてあげる」。そんな風に考えてみてもいいのかもしれないなって思っています。

あなたという人がいないと、喉神はこの世界で一人の人の人生を生きられないんですよ。まるで他の人に親切にしてあげるような「○○してあげる」という言い方で、たった一人のあなたという存在を大切にしようとする気持ちが湧き上がってくるのなら、この表現を使ってもいい。あなたはもっとあなたの思ったことや感じたことを認めて、やりたいようにやっていいんです。それがあなたの生き方で、あなたらしくなればなるほどに、喉神と一つになり充実感で満たされる人生になります。

ここで紹介している言葉は、私が使う言葉で、私にはこれがしっくりくるから使っています。だけど、あなたにはもっとあなたにぴったりの言葉があるかもしれません。なので、あなたが「もっと良い」と思う言葉が思い浮かんだら、そちらを使ってください。人はそれぞれ感じ方が違うことはご紹介しましたよね。だから、あなたにぴったりの言葉は違う言葉かもしれません。いろいろ試してみてもいいし、いろいろ試すことなく「これが好きだ!!」って思った言葉をずっと使ってもいいと思います。

きっとそのうち、そんなに言葉の力を借りようとしなくても大丈夫になっていきます。人は変わっていく生き物ですからね。少しずつ変わっていって、あなたが変わると不思議なことに、周囲の環境も変わっていくんですよ。

喉神との輝く未来を手に入れる方法

あなたがこの世に生まれてきたのは、あなたの魂があなたという一人の人を生きたいと願ったからです。「こんな人物の一生を体験したい」、魂がそう願った理想の人物があなたです。だから、**あなたがどのように生きるか、何を選ぶかという最終決定権はあなたの顕在意識が持っています。あなたが何を選ぶかは、すべてあなたが決められることです。**

あなたの顕在意識を十分に使って、あなたが「こうしたい」と思うことを選んで生きていくほど、あなたらしい人生が送れるようになるということです。**あなたが望む通りにスムーズに進むように、すべてはできているのです。**

あなたは今、いろんなことがうまくいかないと感じているかもしれません。その理由は三つの潜在意識のバランスが崩れて、過去の積み重ねから推測されて準備された行動に偏ってしまっているからだという話をしてきました。バランスが崩れているから、うまくいかなくて、つらいと感じている。だけど、このつらいと感じる経験は、今のあなたとこれからのあなたに必要だったから、今、この「つらい」状態を体験しているんですね。すべてはあなたに必要なものをあなたが身につけるために起こっているんです。

そして、今、あなたにとって必要な流れの中であなたはこの本を手にして読んでくれている。あなたはこの本を手にするという行動を選んで、読むことを選択したのです。そのためにはきっと運命的にいろんな偶然がつながって手にしてくださったのだと思うのですが、実はこれも、ただの偶然ではなくて、あなたに必要だったタイミングで物事が起こり、あなたはその中で選択してきたものです。別の未来もあったかもしれないけれど、あなたはこれを選んできました。

生きる中で大きな流れがあって、その中であなたは自由に選んで生きることができるのですが、実は、**どのように選んでももともとの魂の望んだことから大きく外れることはないんです。なぜなら、もともと魂はそのようにあなたのことをつくっているからです。**

喜びを感じることも悲しみを感じることも。生まれ持った性格から、新しくいろんな経験をして好みが変わったりすることがあっても、まったくの別人になることはないんですね。受け取るあなた自身が、他の身体になることはないんですもの。

傷ついた過去も一緒に生きて輝いていく方法が、実は喉神と一緒に輝く未来を手に入れる一番の方法だと私は考えています。

最初から、そうやって傷つくことも喜ぶことも、すべてがあなたという人の人柄の深さをつくるものとして想定されていたものなんですね。**それを受け入れて愛すること、傷とともにそれとうまく生きることが、最も幸せを感じることができる方法なんです。**

傷ついた部分も、嫌いだと感じる部分も、すべて含めた状態で、すべてがあなた自身だからです。人間というものはみんな完璧ではなく、不得意な部分やすごく得意な部分があるという、不完全であるから人間なんですね。そういった自分の弱さも強さもある状態を生きることも、この世に生まれて一人の人として生きるということをしないと体験できないことで、それを体験したくて生まれているんです。

強さも弱さも受け入れてそのままの自分を認めることができた時、喉神とあなたの精神的な状態が近くなります。つまり、つながりやすい状態となるんですね。この時には「喉神とつながって願いを叶えたい」なんていうことは思っていない状態です。人が何かを願う時は、その願っている状態ではない時なんですね。だから、喉神とつながって願いが叶っている時は、そのように思う必要がなくなっているんです。

傷ついた過去があるからこそ今の自分がある

傷ついた過去と一緒に生きるためには、どうしても先にクリアにしておかなければいけないことがあります。それは現在の自分自身を認めることです。過去の自分に起こった出来事や傷を癒すから今の自分を認められるというよりも、今の自分を認めることが先で、それができていないと過去の自分が傷ついたことには手をつけられないのではないのかなと思います。

過去があるから今のあなたがあるのですが、今のあなたをそのままで受け入れられないと、あなたが過去の自分を受け入れることは難しい。だけど、**本当は一番認めて受け入れたいのは過去の自分なんじゃないかな？**と思っています。**人は誰でも、喉神のように自分のことをそのまま愛したいと望んでいるのではないかと思うのです。**なぜなら、喉神は自分をつくったおおもとの存在で、喉神がいなければあなたは一人の人として成り立っていないのだから。そんな喉神の状態に向かいたいと望みつつ、いろんな経験の中で葛藤したり傷ついたりしているのではないでしょうか？

今の自分のネガティブを認められるようになることで、過去の自分自身を受け入れることができるようになります。今の自分のネガティブとは、過去の自分のネガティブからきているからです。今を認めて受け入れることで、過去の出来事を受け入れる余裕ができるのです。

今、受け入れられないことの原因になっている過去の出来事は、想像しているよりもっと大きいものかもしれません。過去を無理に受け入れようとすると、心が壊れてしまうこともあるのです。今、ネガティブに感じていることを受け入れられなければ過去には届かない。これが私の考え方です。

私自身、ヒプノセラピーを受けたり習ったりしていたのですが、いくらそれを習っていても「自分がダメだ」という気持ちを持っていて、「もっと自己肯定感の高い自分にならなければ……」と思っていました。だけど、「自己肯定感が低いままの自分でもいい」と受け入れられるようになった時に、初めてヒプノセラピーで私の中にある傷ついて冷え切った子どもの自分と出会ったんですね。その体験から、先に今の自分自身を認めることができないと、過去の自分を認め、受け入れて一緒に生きることは難しいと感じています。

今の自分を受け入れることで、過去の自分も受け入れることができるようになり、それと同時に自分の感覚を感じるようにしてそれを信じることで、どんどん不安や「つらい」という感覚から解放されて自由になっていると感じます。そして、喉に意識を集中させ、自分の今の気持ちについて考えることで、自分についての新しい発見をしたりしています。

そして、とにかく思うのが、過去の傷ついた経験や、いろんなイヤなことがあったからこそ、今の自分につながって今の自分があるということです。今までの経験がなければこんな風にはなっていなかっただろうなと思うことばかりなのです。

喉神とつながり自分の思うことを実現させていく世界とは

私は今の状態になって、生き方も価値観も昔と比べると驚くほど変わったと感じています。それは今まで、どれだけ私自身が「○○しなければならない」という考え方に縛られていたのか……ということです。とはいっても、それが悪いことだったとは思っていませんけどね。だけど、本当に変わったなって思います。

ただ、思ったことをとにかくやってみるということには、最初はものすごく勇気がいりました。いえ、今も勇気がいることばかりかもしれません。喉神とつながり自分の思うことを実現させていく世界とは、非常識なことを実現させる世界と言ってもいいのかもしれません。**自分の殻を打ち破るとはこういうことを言うのかもしれない、そう思います。**

過去の自分によって用意されている行動と思考のままに進むことは、とても簡単で気楽なように感じます。たとえ、それが「苦しい、つらい」と感じるものであったとしても。三つの潜在意識の情報を認識して行動を自分で選ぶということは、慣れないうちはとても勇気がいると思うのです。だって、それまで常識だと思っていたことや、当たり前だと思っていたことが、実は「自分の中にある本当の望みとは違っていたんだ」ということに気がつくことかもしれないから。

今まであなたが選択してきたことと違う選択をするということは、その先に何が起こるのか予想がつかないんですよね。しかも、いくら「自分を信じたらいい」と言われたって、「これで合ってるのかな？（正解なのかな？）」という気持ちが出てきて、「どうしたいのかわからない!!」という気持ちを何度も感じることがある。それを「大丈夫、信じる」と思って自分の感じることを選択していくのです。

むしろ、突き進むように感じるかもしれません。だけど、**自分のペースで突き進むことで、一見おかしくなったように感じることがあっても、結果的にそれも正解だったと**

いうことに気がつけるようになる。

そこに気がつくためには、自分の思いを信じて進むことに慣れるまで、努力が必要かもしれません。その努力は今まで過去の自分が選択してきたことから、**今の自分の顕在意識に最終決定権を戻すための練習と思っていいです**。いきなりスムーズにいく人もいるかもしれないけれど、ハチャメチャに行動してみてやっと身につけられるようになる人もいるんじゃないかと思います。

どのようになるかは人それぞれで、あなたがどうなるかということはあなたにしかわからないけれど、あなたにピッタリの方法で、顕在意識が最終決定していくようになるでしょう。

あなただけの「一番良い」を選び続ける

自分の顕在意識の最終決定権を使って、あなたらしい生き方を選んで生きていくことは、あなたが自分にピッタリの生き方を模索しながら選び生きていくことです。いきなりゴールや答えがあるものではないんですね。「こっちがいいかな？　それとも、あっちがいいかな？」と悩みながら、手探りで「よし、これでやってみよう！」と考えたりするもの。何が良いかは手探りで見つけることです。この考え方は言葉にも隠されていると感じています。

「適当」という言葉や、「いい加減」という言葉。私はずっと、この「適当」という言葉って、なんでまったく相反する意味を持っているのだろうと不思議に思っていました。「適当」という言葉は「いい加減な、曖昧な」という意味で使われる一方、「適切な、ふさわしい、ピッタリな」という意味でも使われることがあります。まったく反対の意味を一つの言葉が持っているのです。これは勘違いや思いの行き違いを生み出しそうな言葉です。

その理由は「いい加減」という言葉の語源を知って理解できました。「いい加減」という言葉は「無責任、投げやり」などといった意味なのですが、実はこれも相反する意味を持っていて、語源はその意味のほうなのです。その意味とは**「ちょうど良い加減」という意味**です。お風呂のお湯や気温などが、「熱すぎず、寒すぎず、ちょうど良い」という意味です。どちらでもないことから、どっちつかずのことを「いい加減」と言うようになったとか。

「いい加減」も「適当」も実は、ある人やある場合においてはものすごくピッタリであるにもかかわらず、対象である人や場面が変わればまったく合わないものとなるということなのですね。あなたにとってピッタリ、だけど、他人にとってはおかしい。それが「適当」であり「いい加減」です。

生きることとはあなたにとっての「ちょうど良い」を見つけていきながらそれを叶えていく作業であり、それを見つけていくために潜在意識の三つの側面があり、それを支えるために喉神がいるんです。潜在意識の三つの側面からの情報を得て、顕在意識が行動を選ぶことで模索していくのです。

街中を歩いていて、おいしい匂いがしたら「食べたい」と思います。「食べたい」は生まれ持った本能の部分の潜在意識です。ここでおいしい匂いのする食べ物をその場で手に取って食べたりしたら社会生活が送れない人になってしまうので、次の行動が用意されます。食べたいものをすぐに買って食べる人なら「買って食べよう」と思います（ここでいつも我慢する人なら「我慢しよう」って思います）。これが過去の経験からの潜在意識です。そして、あなたがもしもダイエット中だったら「やっぱりダイエット中だから食べない！」と、今のあなたの潜在意識が抑制するかもしれません。

こういった考えられる行動の中で、どの行動を選ぶのかは最終決定権のある顕在意識です。これらの考えはすべて瞬時に行われています。

と、ここで紹介したのはとても単純な例なのですが、もしかしたらダイエットという考えが過去の経験からの思考だという場合もありえますよね。どの気持ちがどの潜在意識の側面かということよりも、どれだけ自分の気持ちに気がつけるかということと、気持ちに気がつけてどれを選ぶのかということが大切です。

あなたにとっての「ちょうど良い加減」は、他の人から見たらちょっとおかしい「いい加減」かもしれません。だけど、それは他の人とあなたは違う感じ方をして、違う世界を見ているのだから当然起こってくること。他の人の意見に惑わされるでもなく、否定するでもなく、ただ受け止めるだけでいいのです。

そして、あなた自身の「一番良い」を選び続けることで、自然とあなたの喉神とつながっていられる生活ができるようになるでしょう。

あとがき

〜喉神の話を本にするにあたって

絶対に誰にも言わないでいるつもりだった。喉に神様がいるんだってこと。だって、きっと意味がわからないだろうし、誰にも理解されないと思っていたから。

そんな喉神の話を、なぜだかポロッと話してしまったことがきっかけとなって、この本ができあがりました。そう、本当は本にして多くの人に伝えるのではなく、私個人の中に最後までしまっておくつもりだったのです。

潜在意識や人が何かを考えることの不思議な部分は、「当たり前のことだ」と見過ごすことも簡単で、そのままで暮らすことは何も悪くない。だけど、その不思議さに思いを寄せて、それはなぜ起こるのかを調べ、考えてみることも、とても面白いことだと思うのです。そして、それを知って新しい見方をすることで、今、目の前にあるモヤモヤした気持ちや葛藤が軽くなり、そしてスッキリして毎日の生活を明るくしていけるのであれば、それって意外と人生にプラスの意味をもたらすものなんじゃないかなって、そう思います。

そんな人生にプラスの意味をもたらす一つの考えとして喉神の話をお伝えすることで、たとえ一人でも誰かの人生を明るく変えるきっかけになればうれしい、そう思って私の中から外に出すことにしました。

書き終わってから気がつくと、この本の中にはほかの心理学や思考の方法などに書かれていることも多くあって、やっぱり結局、人が生きるのに大切なことって自分自身のことをどれだけ信じていられるかだと思うのです。

「信じていられるか」とは、「自分の考えに間違いはない！」と強く思えるというようなことではなくて、たとえ自分の考えたことや選んだことが間違いだったように思えた時にも、それがいけないことではなく、生きる過程で起こった出来事だというように受け止めていけること。失敗や間違いを恐れる必要などなく、それらを含めて愛する自分の人生であると思えることだと考えています。

それこそが、喉神が望む人生であり、豊かな気持ちで生きる秘訣だと。

この本が、あなたが今までとはまた違った視点で生き方を見ることができる、そのきっかけとなったとしたら、こんなにうれしいことはありません。

土出　麻美

二〇二〇年八月吉日

著者略歴

土出 麻美

～ つ ち で ま み ～

喉神暮らしの案内人。
なんかブログを書いているらしい人。

「そうだ、自然の中に湧き出す泉のように、訪れた人が一息ついて、元気をもらえるようなブログにしよう。生きていることがツライと感じてしまうほど心が疲れている人が、少しだけでもホッとして、もうちょっとだけ頑張ろうかな？　と思えるようにしよう」。そう思ってブログを運営。これがきっかけで一度も会ったことのない人から「あなたのおかげで救われました」と連絡が来るようになった。（けっこう喜んでいる）

元は福祉施設の職員で相談員や支援員をしていた社会福祉士。自分の中でよく人生の迷子になる。自分では自信がなくオドオドしていると思っているが、ほかの人からは「自信満々だね」と言われる。ただ意見をハッキリ言うだけであり、本人は自信満々というわけではないのだ。

子どものころから気が弱く、ビビりだったが、考えることや調べること、空想をするのが好きだった。

結婚や妊娠・出産を機に退職や引っ越しなど生活環境が大きく変わり、育児でもともと持っていた神経質さが増して生きることが苦しくなった。そこから何とか回復した経験をもとに、同じように苦しい思いをしている人が自分を取り戻す小さなきっかけになれたら嬉しいと思っている。

装画：滝本亜矢
装幀・本文デザイン・DTP：横田和巳（光雅）
組版：株式会社 RUHIA
校正協力：永森加寿子
編集：田谷裕章

Yes★喉神サマ?!

「こんな私、もういやだ」にサヨナラ。感じて選ぶ「じぶん受け入れ」メソッド

初版1刷発行 ● 2020年8月25日

著者

土出《つちで》 麻美《まみ》

発行者

小田 実紀

発行所

株式会社Clover出版

〒162-0843 東京都新宿区市谷田町3-6 THE GATE ICHIGAYA 10階
Tel.03(6279)1912　Fax.03(6279)1913　http://cloverpub.jp

印刷所

日経印刷株式会社

ISBN978-4-908033-86-5　C0011